THÉODORE REINACH

HISTOIRE SOMMAIRE

DE

L'AFFAIRE DREYFUS

NOUVELLE EDITION

PRIX : 6 Francs

PARIS
LIGUE DES DROITS DE L'HOMME
10, Rue de l'Université

1924

HISTOIRE SOMMAIRE

DE

L'AFFAIRE DREYFUS

AVANT-PROPOS

L'opuscule que je republie aujourd'hui, sur la demande et sous les auspices de la Ligue des Droits de l'Homme, est, en réalité, une troisième édition.

La première a paru en anglais, sans signature, sous le titre Dreyfus case *dans une encyclopédie américaine, en* 1903 (1)*; le récit, nécessairement très succinct, s'arrête au lendemain du procès de Rennes.*

La seconde édition a été publiée en volume, sous un pseudonyme transparent, en 1904 (2)*. Rédigé à la veille de la seconde revision, ce travail mène le récit des événements jusqu'au* 5 *mars* 1904 *où la Chambre Criminelle de la Cour de Cassation prononça la recevabilité de la nouvelle demande en revision.*

Appelé à revoir et à compléter ce petit ouvrage après vingt ans, je me suis imposé d'en conserver autant que possible le texte primitif. Il m'a semblé, en effet, que bien que composé à une épo-

---

(1) *Jewish Encyclopedia* (New York and London, Funk and Wagnalls), tome IV, p. 660 à 688.

(2) *Histoire sommaire de l'Affaire Dreyfus*, par R. L. M. Paris, Société nouvelle de Librairie et d'Edition, Georges Bellais, 1904 : in-12, 198 pages.

que très rapprochée des événements qui avaient passionné la France et le monde, ce texte avait, dès l'origine, gardé le ton qui convient à un livre d'histoire.

Je me suis donc borné à quelques retouches de forme, à la rectification de quelques erreurs de détail (1)*; naturellement, j'ai dû composer entièrement à nouveau les derniers chapitres pour mener le drame jusqu'à son dénouement.*

Les faits qui font l'objet de ce livre sont aujourd'hui presque entrés dans la paix de l'histoire et la plupart des acteurs qui y ont joué un rôle décisif ont disparu de la scène. Mais cette considération, qui permet de donner à l'exposé une sérénité complète, n'enlève rien, ce semble, à l'utilité de l'exposé lui-même. Au contraire, il importe plus que jamais de fixer avec précision les traits exacts de ce mémorable conflit à l'usage des générations nouvelles qui ne le connaissent plus guère que par ouï-dire, par des récits trop sommaires ou travestis. Seuls les survivants du drame, ceux qui ont vécu cette époque terrible et héroïque, avec leur âme et leur chair, peuvent encore en reproduire la physionomie véritable et ils ont le devoir de le faire pour mettre en garde les Français d'aujourd'hui et de demain contre les causes toujours latentes qui ont déchaîné l'affreuse erreur judiciaire avec ses redoutables conséquences.

En terminant ce court avant-propos, je tiens

(1) Plusieurs menues erreurs m'ont été signalées et plusieurs intéressants détails communiqués par M. Mathieu Dreyfus, à qui j'adresse ici tous mes remerciements.

à répéter quelques lignes qui ont figuré en tête de la précédente édition :

« Le seul ouvrage complet et exact consacré à l'affaire Dreyfus est celui de M. Joseph Reinach, dont il a paru à cette date (1) les trois premiers volumes... L'auteur du présent opuscule se fait un devoir de reconnaître qu'il a pris ce livre pour guide dans la partie correspondante de son récit. Mais il tient également à déclarer qu'il a conservé sur tous les points encore litigieux sa pleine et entière liberté d'appréciation. »

L'ouvrage en question est aujourd'hui complet en six volumes, plus un index général paru en 1911. *J'ai, bien entendu, utilisé pour cette réédition du mien, les trois derniers tomes, aussi largement mais avec la même indépendance que les trois premiers. C'est assez dire la haute estime où je tiens ce véritable livre d'histoire sur lequel je m'étendrais davantage, s'il m'était permis d'oublier le nom dont il est signé. Je souhaite que la lecture du présent abrégé suggère à beaucoup de personnes le désir de lire le récit si complet, si vivant, et d'une inspiration si généreuse qu'a tracé de ce grand conflit celui qui en fut un des combattants les plus intrépides, les plus clairvoyants et les plus désintéressés.*

THÉODORE REINACH.

Paris, janvier 1924.

(1). Février 1904.

L'AFFAIRE DREYFUS

I

Il n'y a pas de faits divers en histoire. Si chaque événement a des causes occasionnelles, il a aussi des causes profondes, qui, seules, en expliquent vraiment la genèse et le développement. L'affaire Dreyfus ne fait pas exception à la règle.

Pour comprendre les proportions et la tournure qu'elle a prises, le rôle qu'elle a joué pendant plusieurs années dans la vie publique de la France, il faudrait remonter d'une part aux origines du mouvement nationaliste, héritier du boulangisme, d'autre part à celles du mouvement antisémitique. Ce dernier a commencé à se dessiner en France vers 1880; ses étapes sont marquées par la catastrophe de « l'Union Générale » en 1882, la *France Juive* de Drumont en 1886,la fondation de la *Libre Parole* en 1892. Sans tenter d'écrire l'histoire de ces deux mouvements, il faut retenir que c'est eux, et eux seuls, qui ont pu créer dans le pays, et spécialement dans l'armée, l'état d'esprit nécessaire à l'éclosion et à l'exaspération d'une affaire qui, de sa nature, aurait dû avorter en germe ou rester cantonnée dans l'ordre exclusivement judiciaire.

Dès les débuts du réveil antisémitique, les efforts des plus persévérants de ses promoteurs furent dirigés contre la situation que les officiers israélites occupaient dans l'armée française et qui, pour beaucoup de catholiques intransigeants, était un sujet de scandale. Une des premières campagnes de la *Libre Parole* fut dirigée contre eux ; elle aboutit aux duels successifs du capitaine Crémieu Foa avec Drumont et Lamase, puis du capitaine Mayer avec le marquis de Morès, duel qui se termina par la mort de l'officier juif (23 juin 1892).

L'affaire Crémieu Foa-Mayer est le prélude de l'affaire Dreyfus : l'observateur perspicace aurait pu y découvrir comme une ébauche des préjugés, des passions, des procédés que nous allons voir en pleine vigueur deux ans plus tard ; déjà même y figurent certains acteurs du drame : le capitaine Esterhazy fut un des témoins de Crémieu Foa.

II

Parmi les services militaires du ministère de la Guerre réorganisés après la guerre de 1870, celui des « renseignements » — c'est-à-dire de l'espionnage et du contre-espionnage — avait pris, sous l'impulsion de chefs zélés, un développement considérable, excessif même. La direction de ce service était centralisée dans une section de l'Etat-major général désignée officiellement sous le nom de « section de statistique » et rattachée, pour la forme, au 2e bureau. Une des préoccupations de ce service était la surveillance de l'ambassade d'Allemagne.

A la vérité, l'ambassadeur, le comte de Münster, à la suite d'une affaire Boutonnet, où son attaché militaire s'était laissé prendre en flagrant délit, avait promis que les attachés militaires allemands s'abstiendraient désormais de soudoyer des officiers ou employés français. Mais on savait, au bureau des renseignements, que cette promesse n'avait pas été tenue, sinon par l'ambassadeur, du moins par le nouvel attaché, le colonel de Schwarzkoppen. A l'insu de son chef, celui-ci continuait à s'occuper d'espionnage, correspondant directement avec le grand Etat-major prussien à Berlin. D'après les indications fournies par divers agents, notamment par un attaché militaire espagnol honoraire, Val Carlos, qui touchait une rémunération au ministère, M. de Schwarzkoppen avait partie liée avec l'attaché militaire italien, colonel Panizzardi. Les deux agents se communiquaient leurs trouvailles, et, quand il y avait urgence, se renseignaient par écrit.

Pour dépister ce manège, le bureau des renseignements ne se contentait pas des ressources offertes par le « Cabinet noir » et les dépêches interceptées. Il avait réussi à s'assurer le concours d'une femme de ménage de l'ambassade d'Allemagne, du nom de Bastian. Celle-ci ramassait soigneusement dans les corbeilles de bureau, dans les foyers de cheminées, les fragments de papiers déchirés ou à demi-brûlés par Schwarzkoppen; elle les enfermait dans un cornet, et, une ou deux fois par mois, les portait ou les faisait porter à la « section de statistique ». Là, on les triait et on les recollait minutieusement. La plupart des documents ainsi reconstitués étaient insignifiants, frivoles même; quelques-uns pourtant éveillaient l'attention.

Dès 1892, on put constater ainsi certaines « fuites » de renseignements secrets concernant la défense nationale. Des « plans directeurs » de la forteresse de Nice avaient été livrés par un individu qu'un billet de Schwarzkoppen désignait sous le nom de « *ce* canaille de D... » (1).

(1) La date du 16 avril 1894 actuellement inscrite sur cette pièce l'a été très postérieurement. La véritable date de son entrée au service est plus ancienne : 1892 selon le colonel Cordier, 1893 selon le commandant Lauth. L'individu désigné par l'initiale D... était un pauvre diable de commis subalterne qui portait le nom de *Du-*

Des fragments d'un *memento* de Schwarzkoppen (1) laissaient entendre que l'attaché allemand avait trouvé un informateur, qui prétendait lui apporter des documents sortis directement du ministère de la Guerre. Il y avait donc un loup dans la bergerie; Val Carlos l'affirmait. Ces révélations, si incomplètes qu'elles fussent, causèrent un réel malaise à l'Etat-major général. Nul n'était désormais sûr de son voisin, chacun pouvait craindre d'être soupçonné lui-même. On pataugeait dans les ténèbres.

Dans le courant de l'été 1894, arriva au bureau des renseignements un document bien plus alarmant que tous les précédents et qui provenait sûrement de l'ambassade d'Allemagne. C'est la lettre anonyme devenue célèbre sous le nom de « bordereau ». Cette lettre, écrite sur un papier quadrillé et presque transparent, dit « papier pelure », était sillonnée de deux déchirures perpendiculaires, mais d'ailleurs intacte. Le texte était écrit sur le recto et le verso du premier feuillet. D'après la version qui fut plus tard officiellement accréditée, elle serait arrivée par la « voie ordi-

---

bois ou l'avait pris dans ses communications avec les attachés étrangers ; ce fait et la modicité dérisoire de sa rémunération sont aujourd'hui hors de doute.

(1) Traduit ainsi : « Doute. Preuve. Lettre de service. Situation dangereuse pour moi avec un officier français. Ne pas conduire personnellement de négociations. Apporter ce qu'il a. Absolu. Bureau de renseignements. Aucunes relations corps de troupes. Importance seulement du ministère. Déjà quelque part ailleurs. » Ce memento préparait sans doute la réponse à un télégramme de Berlin ainsi conçu : « Choses aucun signe Etat-major. »

naire », c'est-à-dire par le cornet de Mme Bastian; mais l'aspect du document, à peine lacéré, suffit à démentir cette version. Il paraît résulter d'autres confidences que la lettre aurait été prise intacte dans la loge du concierge de l'ambassade, dans le casier du colonel de Schwarzkoppen, et apportée au bureau par un agent nommé Brücker; cet homme, qui avait jadis servi d'intermédiaire entre Mme Bastian et le service des renseignements, s'était vu momentanément écarté et cherchait à rentrer en grâce par un coup d'éclat.

Les documents dont la lettre annonçait l'envoi ne paraissent pas être parvenus à l'Etat-major allemand, et l'enveloppe de la lettre n'a pas été représentée. On ne sait donc pas si elle avait été expédiée par la poste ou autrement; on ne sait pas davantage si les documents étaient dans la même enveloppe ou formaient un pli séparé (1).

Voici le texte de ce document fameux :

« *Sans nouvelles m'indiquant que vous désirez me voir, je vous adresse cependant, Monsieur, quelques renseignements intéressants :*

1° *Une note sur le frein hydraulique du* 120 (2) *et la manière dont s'est conduite cette pièce;*

---

(1) L'extraction d'un bordereau d'envoi de son enveloppe, tout en laissant les pièces elles-mêmes arriver à leur destination, est un tour de passe-passe qui n'est pas sans exemple. Le 3 février 1898, M. Delcassé raconta à la Chambre un fait tout semblable dont il venait d'être victime (*Journal Officiel*, Chambre des députés, p. 395).

(2) Entendez probablement : le frein hydropneumatique du canon de 120 court. C'était une pièce lourde

2° *Une note sur les troupes de couverture* (1) (*quelques modifications seront apportées par le nouveau plan*) (2);

3° *Une note sur une modification aux formations de l'artillerie* (3) ;

4° *Une note relative à Madagascar* (4);

5° *Le projet de manuel de tir de l'artillerie de campagne* (14 *mars* 1894).

Ce dernier document est extrêmement difficile à se procurer, et je ne puis l'avoir à ma disposition que très peu de jours. Le ministère de la Guerre en a envoyé un nombre fixe dans les corps, et les corps en sont responsables. Chaque officier détenteur doit remettre le sien après les manœuvres (5).

Si donc vous voulez y prendre ce qui vous in-

---

de campagne, mise récemment en service; le mécanisme du frein, qui supprimait le recul, était tenu secret.

(1) On appelle ainsi les troupes jetées sur la frontière dès les premières heures de la mobilisation et destinées à « couvrir » la concentration du reste de l'armée.

(2) Le nouveau plan de mobilisation (n° XIII; il devait entrer en vigueur en 1895).

(3) Il s'agit soit des formations de *manœuvre* modifiées par le nouveau règlement des batteries attelées, soit, moins probablement, des formations de *mobilisation* de l'artillerie, modifiées par le transfert récent au Génie du service des ponts de bateaux.

(4) Le ministère de la guerre préparait alors l'expédition destinée à conquérir cette île.

(5) Cela n'est pas exact, ou ne s'applique qu'aux officiers de réserve.

téresse, et le tenir à ma disposition après, je le prendrai. A moins que vous ne vouliez que je le fasse copier in extenso *et ne vous en adresse la copie.*

Je vais partir en manœuvres. »

Si mal rédigée que soit cette missive — on ne voit même pas si l'auteur envoie effectivement à son correspondant le manuel de tir ou s'il offre seulement de le lui procurer — il résulte clairement du texte qu'elle a été écrite *au plus tard* au mois d'août 1894. En effet, il y est question du « Manuel de tir », comme d'un règlement envoyé récemment aux corps (de troupes) *pour les manœuvres*, et que les officiers détenteurs devront rendre *après les manœuvres*. Or, le manuel de tir de campagne est l'ensemble des méthodes destinées à régler le tir *réel* des bouches à feu de campagne; ce tir réel n'a jamais lieu pendant les « grandes manœuvres » de septembre, mais seulement pendant les « écoles à feu » qui commencent en mai pour finir en août. Ce sont ces écoles à feu que le rédacteur, dans son langage incorrect, désigne sous le nom de manœuvres. Il est donc évident que le bordereau est *au plus tard* du mois d'août (1).

(1) Dans la phrase finale : « Je vais partir en manœuvres », ce mot peut désigner soit des manœuvres de brigade, soit des écoles à feu, soit toute espèce de manœuvres entraînant le départ de la garnison. Mais si l'auteur du bordereau, le commandant Esterhazy, est allé sur sa demande aux écoles à feu de Châlons, *au commencement d'août* 1894, il n'est pas allé aux grandes manœuvres de septembre, auxquelles les majors ne sont jamais envoyés.

Quoi qu'il en soit de la date exacte, il paraît avéré que le bordereau fut remis au commandant Henry, qui était alors, avec le commandant Cordier, le collaborateur principal du colonel Sandherr, chef du service des renseignements. D'après les déclarations du général Roget, la pièce serait arrivée au ministère avec d'autres documents dont les dates s'échelonnaient du 4 août au 2 septembre (1). On peut supposer toutefois qu'Henry la garda plusieurs jours, peut-être plusieurs semaines entre les mains; il est d'autant plus surprenant qu'il n'y ait pas reconnu l'écriture, nullement déguisée, d'un de ses anciens camarades de bureau, le commandant Esterhazy. Le 24 septembre (2), il communiqua sa trouvaille à ses camarades et à son chef, le colonel Sandherr, qui avisa aussitôt le chef d'Etat-major, général de Boisdeffre, et le ministre de la Guerre, général Mercier.

L'émotion fut profonde. Nul doute désormais : l'attaché militaire allemand avait pour informateur un officier français; bien plus, on conclut de la teneur de la lettre qu'il s'agissait d'un officier d'Etat-major. Rien ne justifiait cette dernière hypothèse. Au contraire, la rédaction grammaticalement et techniquement incorrecte du bordereau, la difficulté où se disait l'auteur de se procurer le *Manuel de tir* (qui circulait libre-

(1) Entendez par là que le commandant Henry l'a rattachée fictivement à un cornet de Mme Bastian renfermant des pièces comprises entre ces dates.

(2) Date indiquée par le commandant Lauth (*Cassation*, I, 411). L'enquête Renouard commença le 26.

ment à l'Etat-major), son incapacité d'en extraire lui-même les nouveautés intéressantes, le peu d'importance que paraissait attacher à ses informations son correspondant qui le laissait « sans nouvelles », tout aurait dû, pour des esprits non prévenus, exclure l'attribution du bordereau à un officier d'Etat-major. Néanmoins, cette idée fixe, ce *prôton pseudos*, suggéré par les précédents avis de Val Carlos, fut accepté sans discussion; dès la première heure, les recherches furent ainsi aiguillées sur une fausse voie.

Sur l'ordre du ministre, le général Renouard, faisant alors fonctions de chef d'Etat-major, ordonna une enquête dans les bureaux du ministère. Elle portait seulement sur l'identification de l'écriture et ne donna d'abord aucun résultat. Mais le 6 octobre, le lieutenant-colonel d'Aboville, sous-chef du 4e bureau de l'Etat-major, qui rentrait de permission, ayant été mis au courant par son chef, le colonel Fabre, émit l'idée que le bordereau, s'occupant de questions qui ressortissaient à différents bureaux, devait être l'œuvre d'un officier stagiaire : ces officiers étaient les seuls qui passassent successivement par les divers bureaux pour parfaire leur instruction militaire; de plus, comme, sur cinq documents mentionnés, trois concernaient l'artillerie, il était probable que l'officier stagiaire appartenait à cette arme.

Le cercle ainsi circonscrit, il ne restait plus qu'à consulter la liste des officiers stagiaires d'Etat-major sortis de l'artillerie. En la parcourant, les deux colonels tombèrent en arrêt devant le nom d'un officier israélite, le capitaine Dreyfus. Fabre, qui l'avait eu dans son bureau pendant le second semestre de 1893, se souvint de lui avoir donné une assez mauvaise note, suggérée d'ailleurs par le lieutenant-colonel Roget et le commandant Bertin-Mourot; il leur avait fait, sur des indices un peu superficiels, l'impression d'un officier prétentieux, négligeant le service courant pour s'occuper de questions secrètes. On chercha aussitôt des pièces de service écrites par Dreyfus : par une étrange fatalité, son écriture présentait avec celle du bordereau un air de famille indéniable. Ces officiers, inexpérimentés et prévenus, prirent une vague ressemblance pour l'identité; ainsi fut scellé le sort du malheureux.

III

Alfred Dreyfus, né à Mulhouse le 10 octobre 1859, était le troisième fils d'un industriel, Raphaël Dreyfus (originaire de Rixheim, dans le Haut-Rhin), qui dirigeait à Mulhouse une importante filature. Il avait trois frères — Jacques, Mathieu, Léon — et trois sœurs. Lorsque le traité de Francfort arracha l'Alsace à la France, la famille Dreyfus, comme beaucoup de familles patriotes du pays, fut obligée de se couper en deux. Le fils aîné, Jacques, resta seul à Mulhouse pour continuer à diriger l'usine paternelle; les autres optèrent pour la France et se fixèrent à Paris.

Alfred, élève du collège Chaptal, puis de l'école Sainte-Barbe, se prépara à l'Ecole polytechnique, où il entra en 1878. Sorti officier-élève d'artillerie, il passa par l'école d'application de Fontainebleau, puis par la garnison du Mans et celle de Paris, où ses notes le signalent comme le meilleur lieutenant du groupe des batteries à cheval. Promu capitaine en second en 1889, il fit un court stage à l'école de pyrotechnie de Bourges; l'année suivante, il épousait Mlle Lucie Hadamard, fille d'un négociant en diamants, et subissait avec succès le difficile concours de l'Ecole supérieure de guerre. Il n'y entra qu'avec le n° 67, mais, une fois là, il sentit s'éveiller son ambition, travailla avec acharnement et gagna un grand nombre de rangs.

Au concours de sortie (1892), on s'attendait à le voir classé dans les tout premiers, et, par conséquent, affecté à l'État-major général. Un des membres du jury, le général Bonnefond, sous prétexte qu'*on* ne voulait pas de Juifs à l'Etat-major, abaissa le total de ses points par une très mauvaise note; il fit de même pour un autre candidat juif, le lieutenant E. Picard. Informés de cette injustice, les deux officiers protestèrent auprès du directeur de l'école, le général Lebelin de Dionne, qui leur exprima ses regrets impuissants. Malgré tout, Dreyfus obtint le n° 9, qui lui ouvrit les portes de l'Etat-major général; mais il vit dans cet incident douloureux un signe des temps, un avant-goût des tribulations que lui vaudraient, dans la carrière de son choix, sa race et sa religion; le souvenir poignant lui en reviendra le jour de son arrestation.

De la fin de 1892 à septembre 1894, Dreyfus fit son stage à l'Etat-major, méritant partout des notes excellentes, sauf auprès du colonel Fabre (1). Depuis le 1er octobre 1894, il accom-

(1) Les notes excellentes du général Lebelin de Dionne contrastent bien curieusement avec la déclaration *rétrospective* très défavorable que ce général signa le 1er juin 1898 (*Enquête de la Cour de Cassation*, III, 585), et où il parle du « détestable caractère » de Dreyfus, de l'intempérance de son langage (il aurait dit que les Alsaciens étaient plus heureux sous la domination allemande que sous le régime français), de sa vie privée sans dignité, etc.

plissait une période dans un corps de troupes, le 39e régiment de ligne à Paris.

Au physique, de taille assez haute et de traits assez fins; le dos un peu voûté, le visage irrégulièrement coloré, les yeux de myope masqués derrière l'éternel lorgnon, la voix blanche, peu propre au commandement, ne prévenaient guère en sa faveur; il avait l'abord assez hautain, paraissait trop sûr de lui-même. Mais ses camarades et ses chefs, sans l'aimer, reconnaissaient sa vive intelligence, sa mémoire, sa puissance de travail; on le savait cavalier hardi et vigoureux, officier très instruit, avec des idées personnelles qu'il lui arrivait de défendre et d'exposer habilement. En juillet 1894, à l'occasion d'un voyage d'Etat-major, le général de Boisdeffre, vivement intéressé par sa conversation, l'avait honoré d'un long tête à tête qui fut remarqué. En somme, officier correct et brillant, qui semblait appelé au plus bel avenir.

Si l'on ajoute qu'il possédait une jolie fortune (25 à 30.000 francs de revenu), solidement placée dans l'industrie de ses frères, qu'il était sans vices, sinon sans faiblesses, mari assagi d'une femme dévouée, père de deux enfants, on ne conçoit pas quel intérêt, quel mobile aurait pu le pousser à l'ignoble trafic dont on va le soupçonner. Ses sentiments patriotiques étaient ceux d'un soldat fier de son uniforme, d'un Alsacien émigré, c'est-à-dire ardents jusqu'au chauvinisme. Lui aussi avait subi la contagion du mouvement boulangiste, qui, pour beaucoup de ses pareils, signifiait la revanche.

Il fallait toute la force du préjugé qui voit dans

chaque Juif, même riche, un homme d'argent prêt à toutes les vilenies payées, il fallait aussi la fièvre causée par la découverte du bordereau, l'impatience de dissiper ce cauchemar en fixant sur une seule tête les soupçons qui s'égaraient sur tout le corps d'officiers, il fallait enfin cet état d'esprit particulier qui s'était révélé dans l'incident Morès-Mayer, pour qu'on accueillît d'emblée comme vraisemblable l'idée que cet Alsacien cocardier était un traître. Le texte même du bordereau lu de sens froid, aurait dû écarter cette supposition : non seulement, on l'a déjà vu, ce n'était pas le langage d'un officier d'Etat-major; mais quel artilleur aurait pu commettre d'aussi grossières impropriétés d'expression? et comment Dreyfus, en août ou en septembre 1894, aurait-il pu écrire: « Je vais partir en manœuvres », puisque cette année-là aucun des stagiaires n'y était allé, puisqu'ils en avaient été avisés officiellement par une circulaire du 17 mai? (1)

Sans s'arrêter à ces objections, Fabre et d'Aboville s'empressèrent de communiquer leur découverte au général Gonse, sous-chef d'Etat-major, et au colonel Sandherr, Alsacien de vieille roche, antisémite de vieille date, qui s'écria : « J'aurais dû m'en douter! » Le général de Boisdeffre, informé à son tour, mit au courant le ministre de la Guerre. Le général Mercier, artilleur instruit,

(1) En désespoir de cause, on s'avisa d'interpréter « manœuvres » par « voyage d'Etat-major »; mais le plus récent voyage de ce genre auquel Dreyfus eût pris part remontait à fin juin 1894. C'est ce qui fit attribuer au bordereau la date d'avril.

intelligent et beau parleur, mais infatué, ambitieux et sans scrupules, occupait le ministère depuis le 3 décembre 1893. Grisé par quelques succès de tribune, il avait vu s'effondrer peu à peu sa popularité par une série de maladresses. Les démagogues surtout étaient déchaînés contre lui : Rochefort, Drumont l'injuriaient tous les jours. C'est un fait d'observation que, hors du champ de bataille, les militaires sont les plus timorés des hommes : qu'on se rappelle Bonaparte dans l'Orangerie de Saint-Cloud. Mis en présence du bordereau, Mercier ne se dit pas qu'il serait insensé de commencer des poursuites contre un officier sur une base aussi fragile, avant de l'avoir confirmée par une enquête approfondie, une surveillance discrète. Il se dit seulement qu'il fallait faire vite, parce que, si l'affaire venait à s'ébruiter avant qu'il agît, on lui reprocherait d'avoir pactisé avec l'espionnage.

Pour la forme, cependant, il prit, le 11 octobre, l'avis d'un petit comité formé, avec lui, du président du Conseil (Charles Dupuy), du ministre des Affaires étrangères (Hanotaux), et du garde des Sceaux (Guérin). Sans leur révéler le nom de Dreyfus, il les mit sommairement au courant de la situation. Hanotaux, redoutant des complications diplomatiques en raison de l'origine du bordereau, fit entendre la voix de la prudence et combattit toute idée de poursuites. Tel était aussi l'avis du général Saussier, désigné pour le commandement en chef de l'armée en temps de guerre.

Le Conseil autorisa cependant le ministre à procéder à une perquisition discrète; celui-ci ordonna une expertise d'écritures. Elle fut confiée à Gobert, expert de la Banque de France, que lui avait recommandé le garde des Sceaux. Gobert constata des différences notables entre l'écriture du bordereau et celle des pièces de comparaison qui lui furent remises; il y en avait qui frappaient à première vue, comme le *g* ouvert (en forme d'*y*) et le double *s* du type *sf*, formes qui ne se trouvaient que dans le bordereau. L'expert conclut (13 octobre) « que la lettre anonyme pourrait être d'une personne autre que celle soupçonnée » (1)

Cet avis, prudemment formulé, passa pour « neutre »; on demanda donc une seconde expertise à un fonctionnaire nullement qualifié à cet effet: Alphonse Bertillon, chef du service de l'identité judiciaire à la préfecture de police, que Gobert avait fait charger déjà de certains agrandissements photographiques. Cet expert improvisé, auquel on donnait la culpabilité du suspect comme établie par d'autres indices irréfragables, déposa son rapport le soir même. Il concluait ainsi : « Si l'on écarte l'hypothèse d'un document forgé avec le plus grand soin, il appert manifestement pour nous que c'est la même personne qui a écrit toutes les pièces communiquées et le document incriminé. »

Couvert par cet avis le général Mercier n'hésita plus à ordonner l'arrestation qui, même auparavant, était décidée dans son esprit. On donna à cette arrestation une forme dramatique, imagi-

(1) On lui avait tu le nom de Dreyfus, mais il le devina d'après son état signalétique (qu'on avait épinglé par mégarde à une pièce) rapproché de l'annuaire militaire.

née par l'officier d'Etat-major qui fut chargé d'y procéder, le commandant Du Paty de Clam : esprit cultivé, mais faux, compliqué et suffisant, qui, en sa qualité de graphologue, avait été initié dès le début à tous les détails de l'affaire et la faisait dès lors en quelque sorte sienne. Dreyfus fut invité à se présenter au ministère de la Guerre, le 15 octobre, au matin, en tenue bourgeoise, sous prétexte d'une « inspection des officiers stagiaires ». Il se rendit sans défiance à cette convocation. Introduit par le commandant Picquart dans le cabinet du chef d'Etat-major, il se trouva en présence du commandant Du Paty et de trois personnes en bourgeois qu'il ne connaissait point; c'étaient l'archiviste Gribelin, le chef de la sûreté Cochefert, et le secrétaire de ce dernier.

En attendant le général, Du Paty, prétendant avoir mal au doigt, demanda à Dreyfus d'écrire sous sa dictée une lettre qu'il voulait présenter à la signature. Le texte en était des plus singuliers. L'écrivain, s'adressant à un correspondant inconnu, le priait de lui rendre les documents qu'il lui avait prêtés « avant de partir en manœuvres »; suivait l'énumération de ces documents, empruntée textuellement au bordereau. Du Paty s'était flatté que le coupable — et il ne doutait pas que Dreyfus ne le fût (1) — en entendant cette liste qui lui remettait en quelque sorte son crime sous les yeux, s'effondrerait dans un aveu

(1) Après l'arrestation, il dit à Mathieu Dreyfus : « Il n'y a pas un millionième de chance que votre frère ne soit pas coupable. » Son rigorisme moral s'était ému de certaines peccadilles attribuées à Dreyfus, dont son imagination faisait « une vie en partie double ».

accablant; un revolver chargé était préparé dans une pièce voisine pour lui permettre de se faire justice.

Les choses ne tournèrent pas comme Du Paty l'avait prévu. Dreyfus, si surprenante que fût cette missive, écrivit tranquillement sous la dictée. Un moment pourtant, Du Paty, qui le guettait, s'imagina le voir trembler, et lui en fit vivement la remarque. Dreyfus répondit : « J'ai froid aux doigts ». Le fac-similé de la lettre, publié depuis lors, ne montre dans l'écriture aucun signe de trouble, à peine une légère sinuosité. C'en était assez pour un enquêteur prévenu. Après avoir dicté encore quelques lignes où, du propre aveu de Du Paty, « Dreyfus reprit tout son sang-froid », il mit fin à l'expérience, et, posant brusquement sa main sur l'épaule du capitaine, s'écria d'une voix tonnante : « Au nom de la loi, je vous arrête; vous êtes accusé du crime de haute trahison! »

Dreyfus, dans sa stupéfaction, trouve à peine des paroles inarticulées pour crier son innocence. Il repousse avec indignation l'arme libératrice qu'on lui offre. On le fouille, il se laisse faire sans résistance : « Prenez mes clefs, ouvrez tout chez moi, je suis innocent ». On procède à un interrogatoire sommaire où, sans lui montrer aucune pièce, on se borne à lui affirmer qu'une « longue enquête » faite contre lui aurait abouti à des « preuves indiscutables », qu'on lui communiquera ultérieurement. Puis on le remet entre les mains du commandant Henry, qui avait tout entendu d'une pièce voisine, avec mission de le faire écrouer à la prison militaire du Cherche-Midi.

En chemin, dans le fiacre qui les emmenait, Dreyfus renouvela ses protestations d'innocence, affirma qu'on ne lui avait même pas dit de quels documents il s'agissait, ni à qui on l'accusait de les avoir livrés; Henry, affectant de confondre le bordereau avec le texte de la lettre dictée par Du Paty, déclara dans son rapport que Dreyfus avait menti sur ce point! Au Cherche-Midi il fut remis au directeur de la prison, commandant Forzinetti, qui avait reçu l'ordre de tenir l'incarcération absolument secrète, même vis-à-vis de son chef hiérarchique, le général Saussier. Apparemment le ministre conservait des doutes sur la culpabilité de Dreyfus, et ne voulait proclamer son arrestation que le jour où l'enquête aurait fourni des preuves décisives.

IV

L'enquête fut confiée au commandant Du Paty de Clam. Immédiatement après l'arrestation, il se rendit chez Mme Dreyfus, l'en informa, et lui enjoignit, sous des menaces terribles, de garder le secret le plus absolu, même à l'égard de ses beaux-frères. Il se livra ensuite à une perquisition minutieuse, qui ne donna aucun résultat : nul document suspect, pas une miette de « papier-pelure », comptabilité régulière attestant un train de vie proportionné aux ressources du ménage. Une perquisition opérée chez M. Hadamard aboutit au même insuccès.

A plusieurs reprises, Du Paty visita Dreyfus dans sa prison. Il le fit écrire assis, debout, couché, ganté, sans réussir à obtenir des graphismes identiques à ceux du bordereau. Il lui montra des lambeaux détachés de la photographie de ce document, mêlés à des lambeaux, également photographiés, de l'écriture de Dreyfus : l'accusé les tria sans grande peine. Il l'interrogea sans obtenir autre chose que des protestations d'innocence entrecoupées de cris de désespoir. La soudaineté de la catastrophe, l'incertitude où on le laissait de la cause mettaient le malheureux à l'agonie, menaçaient sa raison. Plusieurs jours il refusa de se nourrir; il passait ses nuits dans un affreux cauchemar. Le directeur de la prison, Forzinetti, avertit le ministre de l'état alarmant de son prisonnier et déclara au général de Boisdeffre qu'il le croyait innocent. Le 29 octobre seulement, Du Paty montra à Dreyfus le texte intégral du bordereau et le lui fit copier. Le prisonnier protesta, avec plus d'énergie que jamais, que ce n'était pas là son écriture, et, reprenant toute sa lucidité en face d'une accusation tangible, chercha à démontrer à son inquisiteur que, sur cinq documents mentionnés au bordereau, trois lui étaient inconnus. Il demandait à voir le ministre : on n'y consentait que s'il « entrait dans la voie des aveux ».

Entre temps on avait procédé à de nouvelles expertises d'écritures. Bertillon, auquel l'on donna alors le nom de l'inculpé, se remit à l'œuvre. Pour expliquer à la fois les ressemblances et les divergences que présentait l'écriture de Dreyfus avec celle du bordereau, ce maniaque imagina un système extraordinaire : Dreyfus aurait contrefait ou calqué sa propre écriture, en y laissant assez de son graphisme naturel pour que son correspondant la reconnût, mais en y introduisant par précaution des variantes empruntées à l'écriture de son frère Mathieu et de sa belle-sœur Alice, dans une lettre de laquelle on avait découvert le double *s* du type *sf!* C'est l'hypothèse de l' « autoforgerie », que Bertillon compliqua plus tard par un mécanisme supposé de « mots clefs », de « gabarits », de « Kutsch », de glissements et de décrochements, où la critique la plus indulgente ne peut voir que la divagation d'un cerveau malade. Son rapport provisoire, déposé le 20 octobre, concluait « sans réserve aucune » à la culpabilité de Dreyfus.

Mercier, mal satisfait de cette élucubration, fit désigner par le préfet de police trois experts véritables, Charavay, Pelletier, Teyssonnières; Bertillon fut mis à leur disposition pour leur fournir des épreuves et des agrandissements photographiques. Pelletier refusa de recourir aux douteuses lumières de l'anthropométreur. Il étudia simplement le bordereau et les pièces de comparaison, et conclut que l'écriture du bordereau était une écriture naturelle, mais non pas celle de l'inculpé. Les deux autres, influencés par Bertillon, se prononcèrent au contraire pour l'identité. Teyssonnières, expert naguère disqualifié, parla d'écriture simulée; Charavay, bon paléographe, céda à l'émotion que lui causa la visite d'un inconnu (peut-être un émissaire des ennemis de Dreyfus),qui vint l'assurer de l'innocence de l'accusé et de la reconnaissance que lui vouerait sa famille, s'il aidait à la faire éclater. Il conclut à la culpabilité, sauf le cas d'un « sosie en écritures ». Il attribuait les différences avec les pièces de comparaison à « une évidente préoccupation de déguiser l'écriture ».

Le 31 octobre, Du Paty termina son enquête et déposa son rapport qui, tout en chargeant Dreyfus, laissait au ministre le soin de décider quelle suite il convenait de donner à l'affaire. Il avait même écrit une lettre au général de Boisdeffre (lettre dont l'original ne s'est pas retrouvé) pour conseiller l'abandon des poursuites. Mais à ce moment le général Mercier n'était plus libre de sa décision : la presse était entrée en scène. Le 28 octobre, Papillaud, rédacteur à la *Libre Parole*, avait reçu un billet signé « Henry » — il n'hésita pas à y reconnaître le commandant d'Etat-major de ce nom — et qui, se référant à une communication antérieure, lui révélait le nom et l'adresse de l'officier arrêté, ajoutant mensongèrement : « Tout Israël est en mouvement ». (En réalité, Israël ne bougeait pas, par la simple raison qu'il ne savait rien). Dès le lendemain, la *Libre Parole* racontait à mots couverts l'arrestation secrète d'un individu soupçonné d'espionnage; d'autres journaux précisaient davantage. Le 1er novembre, le journal de Drumont annonçait en caractères d'affiche l'arrestation de « l'officier juif A. Dreyfus »; on avait, disait-il, « la preuve absolue qu'il avait vendu nos secrets à l'Allemagne »; d'ailleurs, « il avait fait des aveux complets ».

C'était mettre l'épée dans les reins du général Mercier. Si jamais il avait pu songer à laisser tomber l'affaire, il était trop tard maintenant. Il fit convoquer d'urgence un Conseil de cabinet; là, il ne mentionna d'autre charge que le bordereau, mais déclara que les documents énumérés dans le bordereau n'avaient pu être livrés que par Dreyfus. Les ministres, dont la plupart entendaient prononcer ce nom pour la première fois, décidèrent les poursuites à l'unanimité (1er novembre).

Dès que le nom de Dreyfus eut été prononcé, les attachés militaires d'Allemagne et d'Italie, pour qui ce nom était nouveau, se demandèrent si par hasard Dreyfus avait été en correspondance directe avec l'un ou l'autre de leurs Etats-majors. Ils s'en informèrent à Berlin et à Rome et reçurent bientôt des réponses négatives (1). Dans

(1) La correspondance de Schwarzkoppen avec l'Etat-major de Berlin a été publiée en 1923 dans le tome IX des *Documents diplomatiques allemands.*

son impatience, Panizzardi avait télégraphié dès le 2 novembre (1) : « Si le capitaine Dreyfus n'a pas eu de relations avec vous, il conviendrait de charger l'ambassade de publier un démenti officiel, afin d'éviter les commentaires de la presse. »

Cette dépêche chiffrée, interceptée par l'administration des postes, fut envoyée au ministère des Affaires étrangères. Un premier essai de déchiffrement laissait incertains les derniers mots, qu'on avait cru traduire ainsi : *notre émissaire est prévenu*; la traduction provisoire, communiquée au colonel Sandherr, lui parut une nouvelle preuve contre Dreyfus. Mais, peu de jours après, la véritable traduction fut trouvée, et Sandherr lui-même en vérifia l'exactitude par une contre-épreuve décisive. Dès lors, il aurait dû être matériellement impossible de rapporter au capitaine Dreyfus tout document qui supposait le traître en rapports avec Panizzardi.

L'ordre d'informer fut donné le 3 novembre par le général Saussier, gouverneur de Paris. L'instruction judiciaire fut confiée au commandant Besson d'Ormescheville, rapporteur près le 1er conseil de guerre de la Seine. Il y apporta tout l'entêtement d'un cerveau borné, sans découvrir d'ailleurs aucun fait nouveau. Les camarades de Dreyfus, qui sentaient le vent contre lui, crurent se souvenir qu'il s'était fait remarquer par une attitude indiscrète, une curiosité excessive, des « allures étranges »; un officier assura lui avoir prêté pour

(1) Le télégramme (chiffré) n'est pas de la main de l'attaché, ce qui a fourni plus tard le prétexte inepte de le qualifier de faux.

quelques jours le manuel de tir, mais c'était en juillet et l'on plaçait le bordereau en avril ! D'ailleurs, Dreyfus maintint qu'il s'agissait du manuel de tir allemand (1). L'agent Guénée, chargé par le commandant Henry de faire une enquête de moralité, ramassa dans les bars et les cafés une série de racontars, qui représentaient Dreyfus comme un joueur, un libertin, dont la famille avait dû plusieurs fois payer les dettes. Mais une contre-enquête de la préfecture de police montra l'inanité de ces allégations (2) : Dreyfus était inconnu dans les tripots, Guénée l'avait confondu avec un de ses nombreux homonymes parisiens. Il ne restait à son actif qu'un petit nombre d'aventures galantes, dont une postérieure à son mariage, mais sans durée ni portée. La prétendue trahison demeurait suspendue en l'air, sans mobile, sans précédent, sans vraisemblance.

Mais l'opinion publique avait condamné. Dès le premier jour, l'antisémitisme latent, inconscient même, d'une partie de la population parisienne, le patriotisme affolé et inquiété, la foi dans la parole du ministre de la Guerre, la peur surexcitée de la trahison, la crainte que la tiédeur ou le doute ne passassent pour complicité, tout s'unit pour faire accepter sans discussion l'accusation et pour déchaîner contre l'accusé un torrent de malédictions.

(1) Voir *Rennes*, II, 83.

(2) Le rapport (ou plutôt les deux rapports) de la préfecture, probablement supprimé par Henry, fut ignoré du commandant d'Ormescheville.

La presse, ignorant tout, grossissait le crime à des proportions fabuleuses. Malgré les notes officieuses, qui le réduisaient à une communication peu importante de documents anodins, on voulait savoir que Dreyfus avait livré le secret de la mobilisation, compromis pour des années la défense nationale; toutes les trahisons restées anonymes, toutes les captures d'agents français à l'étranger furent mises sur son compte; il était le bouc émissaire, ou, suivant l'expression de Guénée, « la tête de Turc ». On s'indignait que la peine de mort eût été abolie pour les crimes politiques par la Constitution de 1848; elle paraissait encore trop douce pour ce misérable. On ne trouvait à son crime qu'une excuse, qui était un outrage de plus : la race l'avait prédisposé à la trahison, la « fatalité du type ». « Ce n'est pas un Français », écrivait Judet dans le *Petit Journal*. L'antisémitisme professionnel jubila, espérant écraser tout Israël sous la faute présumée d'un de ses membres.

La presse, qui déchaînait ses fureurs contre Dreyfus, n'épargna pas d'abord le ministre de la Guerre. On lui fit un crime d'avoir tenu secrète pendant quinze jours l'arrestation, sans doute afin de chercher à étouffer l'affaire; il avait négocié avec « les Juifs », il négociait encore avec eux! Il eût fallu un caractère pour résister à ces attaques quotidiennes, à ces chantages à peine déguisés. Mercier n'était qu'un soldat égaré dans la politique.

Dès le 28 novembre, il déclarait, dans une interview du *Figaro*, que la culpabilité était « absolument certaine » — procédé plus qu'incorrect de la part d'un ministre, chef de la justice militaire (1). Puis, sentant la faiblesse du dossier d'Ormescheville, il donna l'ordre de constituer un dossier secret, à l'aide des pièces du service d'espionnage qui pouvaient tant bien que mal être rapportées à Dreyfus. Une note, dont la rédaction fut confiée à Du Paty, établissait la « concordance » de ces pièces. Ce dossier, revisé et mis sous pli cacheté par les soins du ministre lui-même, avec le concours de Boisdeffre et de Sandherr, devait être communiqué *aux juges seuls* dans la chambre de leurs délibérations, sans que l'accusé ni son conseil eussent pu en prendre connaissance ni en discuter les allégations : odieux procédé renouvelé de l'Inquisition, violation du droit positif et de la justice éternelle, dont cependant aucun des initiés — et parmi eux il y avait des officiers irréprochables — ne songea à s'indigner ou même à s'étonner.

Dès qu'on sut Mercier décidé à aller jusqu'au bout, le langage de la presse démagogique changea à son égard. « Il avait bien mérité de la patrie », disait-on. « Il faut être pour Mercier ou pour Dreyfus », proclamait le général Riu. Et Paul de Cassagnac, qui, en sa qualité d'ami personnel du défenseur de Dreyfus, conservait des doutes sur la culpabilité, résumait la situation dans cette formule saisissante : « Si Dreyfus est acquitté, Mercier saute ».

Ainsi posée, la question dépassait la portée d'un simple procès militaire : elle devenait politique, nationale même; l'issue ne pouvait être douteuse.

(1) Sur une démarche de Waldeck-Rousseau, Mercier fit démentir l'authenticité de l'interview, mais ce démenti, volontairement ambigu, ne trompa personne.

Le rapport du commandant d'Ormescheville, déposé le 3 décembre, était vide et souvent inexact; d'un entassement de « possibilités » et d'insinuations, il cherchait vainement à extraire une ombre de preuve. Edgard Demange, que la famille Dreyfus avait choisi pour avocat, sur le conseil et à défaut de Waldeck-Rousseau, n'accepta cette tâche qu'à la condition que la lecture du dossier le convainquît de l'inanité de l'accusation; il fut convaincu. Sa grande préoccupation était d'obtenir la publicité de l'audience; il s'engageait sur l'honneur à ne soulever, en ce cas, aucune question délicate pouvant amener un conflit diplomatique. A sa prière, Waldeck-Rousseau et Joseph Reinach firent des démarches dans ce sens auprès du Président de la République, Casimir-Perier (1) Ce fut en vain. Le huis clos était décidé dans la pensée du ministre comme exigé par la « raison d'État »; il fit part de cette conviction au président du Conseil de guerre.

Le procès commença le 19 décembre, au Cherche-Midi; il dura quatre jours. Sept juges, dont aucun n'était artilleur, composaient le tribunal; le président était le colonel Maurel. Dès le début, le commissaire du Gouvernement, le commandant Brisset, réclama le huis clos. Les protestations de Demange, qui chercha du moins à faire connaître

(1) Casimir-Perier se contenta de transmettre la demande à Dupuy, mais Demange, pour réconforter son client, lui fit croire que le Président de la République s'y était déclaré favorable. Un écho de ce malentendu devait se retrouver un jour dans la correspondance de Dreyfus et influencer la déposition de Casimir-Perier à Rennes.

que l'accusation reposait sur une pièce unique, furent étouffées par le président, le huis clos ordonné à l'unanimité. Il ne resta dans la salle, outre les juges, l'accusé et le défenseur, que le préfet de police Lépine et le commandant Picquart, chargé de rendre compte au chef d'Etat-major et au ministre.

Le procès se traîna sans incident notable. La voix atone de Dreyfus, sa correction militaire, voisine de la raideur, affaiblirent l'effet de ses dénégations persistantes. La plupart des officiers dont sa famille avait invoqué le témoignage se dérobèrent.

D'autre part, les « preuves morales » ne résistèrent pas à la discussion. Du Paty s'embarrassa dans son récit de la scène de la dictée. Bertillon apporta une édition revue et très augmentée de son rapport, où il représentait la défense *présumée* de Dreyfus sous forme d'une forteresse bizarre, dont chaque bastion était un argument graphique qu'il démolissait à l'avance : personne ne comprit (1). La seule déposition impressionnante fut celle du commandant Henry. Après un premier exposé, assez terne, il demanda à être rappelé à la barre. Là, d'une voix forte, il déclara que, bien avant l'arrivée du bordereau, une personne honorable qu'il refusait de nommer (2) avait aver-

---

(1) Pas plus que les « signes secrets » par lesquels il avait deviné que Dreyfus avait touché 500.000 francs pour prix de sa trahison!

(2) Il s'agissait de Val Carlos. « Le képi d'un officier, s'écria Henry, ne doit pas savoir ce qu'il a dans la tête. »

ti le service des renseignements qu'un officier du ministère trahissait, un officier du deuxième bureau. « Et ce traître, le voici! » Du doigt il désignait Dreyfus. Le physique puissant de ce paysan soldat, son aspect franc, son ton convaincu, sa main posée sur sa large poitrine où brillait la croix d'honneur, sa qualité de délégué du service des renseignements, tout concourut à l'effet dramatique de cette scène.

La dernière audience (22 décembre) fut consacrée au réquisitoire et à la plaidoirie habile, mais trop exclusivement technique, de Demange, qui s'efforça, trois heures durant, de démontrer que le bordereau, par son contenu même, ne pouvait être l'œuvre de Dreyfus. Dans sa réplique, Brisset, abandonnant les preuves morales, se contenta d'inviter les juges à « prendre leurs loupes ». Un auditeur de sens froid, le commandant Picquart, jugea alors la partie compromise, n'était le concours du dossier secret. Ce dossier fut remis scellé par le commandant Du Paty (qui en ignorait le contenu exact) au colonel Maurel, et celui-ci, aussitôt entré dans la chambre des délibérations, en donna communication à ses collègues. Les souvenirs contradictoires des témoins n'ont pas permis d'en reconstituer avec certitude la consistance. On sait pourtant qu'il comprenait entre autres la pièce « Canaille de D... » (initiale conventionnelle qu'il était absurde, après le télégramme Panizzardi, de rapporter à Dreyfus) et une sorte de biographie militaire de Dreyfus, fondée sur la « concordance Du Paty », mais non pas identique à celle-ci. Cette biographie représentait Dreyfus comme un traître de naissance, ayant commencé son ignoble métier presque dès son entrée au service : à l'Ecole de Bourges, il aurait livré aux Allemands le secret de l'obus à mélinite! (1)

La conviction des juges, déjà plus qu'à moitié faite par les experts et par Henry, ne résista pas à ce nouvel assaut. A l'unanimité, Dreyfus fut prononcé coupable; la peine était la déportation perpétuelle dans une enceinte fortifiée, précédée de la dégradation militaire. En entendant cet arrêt, qui lui fut communiqué par le greffier, le malheureux, qui s'attendait fermement à un acquittement, fut comme frappé de la foudre. Ramené à la prison, il eut un accès de désespoir, demanda un revolver. Forzinetti, qui n'avait pas perdu foi dans son innocence, réussit à grand'peine à le calmer.

---

(1) D'après le général Mercier (*Rennes*, I, 483), le dossier secret communiqué aux juges aurait encore contenu : 1° la dépêche allemande du 25 décembre 1893 : « Choses aucun signe d'Etat-major »; 2° les fragments du memento de Schwarzkoppen préparant la réponse à ce télégramme; 3° une pièce dite « Davignon », destinée à montrer le concert établi entre les deux attachés. A ces trois pièces non contestées, Mercier ajoute un rapport Guénée et un billet de Panizzardi « du 1er trimestre 1894 », annonçant qu'il allait avoir à sa disposition l'organisation militaire des chemins de fer français; mais il est aujourd'hui établi (voir plus loin p. 201) que cette pièce n'est entrée au service qu'en 1895, et que l'en-tête en a été supprimée postérieurement par Henry, puis remplacée par une fausse date. En présence d'une pareille erreur, il devient difficile d'accorder une valeur sérieuse au témoignage du général Mercier. D'autre part, le commandant Freystätter a affirmé et énergiquement maintenu que dans le dossier communiqué figurait la première et *fausse* traduction de la dépêche Panizzardi du 2 novembre 1894.

Puis les lettres héroïques et suppliantes de sa femme lui firent accepter la vie comme un devoir envers les siens (1).

(1) Après le jugement, le dossier fut rendu à Mercier, qui ordonna de le disloquer et détruisit la « notice biographique ». Mais, contrairement à ses instructions, Henry reconstitua le dossier secret, y joignit la « concordance » de Du Paty, et l'enferma dans l'armoire de fer où Picquart le retrouvera. En décembre 1897, Mercier se fit restituer la « concordance », et la détruisit comme s'il s'agissait de sa propriété personnelle. Mais Du Paty en avait conservé une copie qu'il versa à l'enquête de 1904. — A plusieurs reprises, il a été fait allusion (et dès 1894) à un second dossier « ultra-secret », qui se composerait de photographies de pièces dérobées, puis rendues à l'ambassade d'Allemagne : à savoir sept lettres de Dreyfus et une de l'empereur Guillaume au comte de Münster, nommant Dreyfus. D'autres ont prétendu savoir que l'original du bordereau sur papier fort, annoté de la propre main de l'empereur Guillaume, aurait été rendu à l'Allemagne, et qu'il en existait des photographies. Le bordereau du procès ne serait qu'un fac-similé dû à Esterhazy ! Il va sans dire que toutes ces allégations sont mensongères.

V

Le pourvoi en revision de Dreyfus — simple formalité — fut rejeté le 31 décembre. Le même jour, le condamné recevait la visite du commandant Du Paty de Clam, qui lui était envoyé par le ministre de la Guerre, avec mission de lui déclarer que, s'il voulait enfin entrer dans la voie des aveux, révéler exactement la nature de ses indiscrétions, il pourrait obtenir un adoucissement à sa peine. Dreyfus répondit qu'il n'avait rien à avouer, rien à se reprocher, pas même le moindre « amorçage »; il demandait simplement que l'on continuât les recherches pour découvrir le vrai coupable. Du Paty, assez ému, lui dit en sortant : « Si vous êtes innocent, vous êtes le plus grand martyr de tous les siècles ». Dreyfus écrivit au ministre pour lui rendre compte de cet entretien; il terminait par ces mots : « Moi parti, qu'on cherche toujours, c'est la seule grâce que je sollicite ».

La cérémonie de la dégradation militaire eut lieu au Champ-de-Mars, le 5 janvier. Dreyfus but la coupe d'amertume jusqu'à la lie. Pendant la parade d'exécution, il garda une attitude toute militaire qui choqua quelques spectateurs. Mais quand le général Darras eut prononcé la formule d'usage, il s'écria d'une voix forte : « On dégrade un innocent! Vive la France! vive l'armée! » Il répéta ce cri pendant qu'un adjudant de service arrachait ses galons et brisait son sabre, puis encore en défilant devant la foule, qui poussait des cris de mort, et devant les journalistes, troublés ou insultants (1).

Si le verdict unanime des sept juges dissipa les doutes qui avaient pu naître dans une fraction du public, la protestation invincible du condamné était de nature à les faire renaître. On répandit alors le bruit qu'il avait fait des aveux. Enfermé avec le capitaine de gendarmerie Lebrun-Renault, dans l'attente de la parade, il lui aurait dit : « Le ministre sait que je suis innocent, et que, *si j'ai livré des documents à l'Allemagne*, c'était pour en avoir d'autres plus importants ; avant trois ans, on saura la vérité ». Ce racontar puisait sa source dans le récit obscur ou inintelligent qu'avait fait Lebrun-Renault de sa conversation avec Dreyfus ; en réalité, celui-ci lui avait simplement redit en mots entrecoupés son entretien avec Du Paty, et protesté une fois de plus de son innocence. Lebrun-Renault lui-même, dans une interview qu'il se laissa prendre au bal du *Moulin-Rouge*, racontait, sur les indications de Dreyfus, la provenance du bordereau, mais d'aveux, pas un mot.

Quoi qu'il en soit, ces propos, dénaturés en passant de bouche en bouche, avidement accueillis par

---

(1) Le colonel Guérin, chargé par le gouverneur Saussier d'assister à la cérémonie, en rendit compte par télégramme en ces termes : « Dreyfus a protesté de son innocence et crié : *Vive la France!* Pas d'autres incidents. » Ce n'est que dans un rapport verbal qu'il mentionna la conversation avec Lebrun-Renault. (Voir plus loin.)

les journaux, inquiétèrent l'Etat-major, puisqu'ils remettaient en cause l'ambassade d'Allemagne qui, à ce moment, montrait les dents. Pour y couper court, le général Gonse alla lui-même chercher Lebrun-Renault et le mena successivement chez le général Mercier et chez le Président de la République, Casimir-Perier, qui lui firent une semonce et lui prescrivirent désormais le silence le plus absolu. La « légende des aveux » dormit jusqu'au jour où il devint nécessaire de la réveiller (1).

Entre temps une grave complication avait failli se produire avec l'Allemagne. Le Gouvernement allemand, une fois assuré par son ambassadeur Münster (2), par Schwarzkoppen et par l'Etat-major de Berlin que Dreyfus leur était totalement inconnu, avait tenu à honneur de protester publiquement contre les récits des journaux qui persistaient à le mettre en cause.

A diverses reprises, depuis l'arrestation de Dreyfus, des notes officieuses à cet effet avaient été in-

---

(1) On a exhumé plus tard un prétendu rapport adressé à ce moment par Gonse à Boisdeffre et relatant en termes d'ailleurs obscurs les « aveux de Dreyfus » transmis par Lebrun-Renault à Mercier. En réalité, dans l'audience du capitaine il fut seulement question des indications fournies par Dreyfus sur la provenance du bordereau.

(2) Un rapport Münster du 13 décembre 1894, publié en 1923, renferme les phrases suivantes : « Du capitaine Dreyfus, personne de l'ambassade, y compris le lieutenant-colonel von Schwarzkoppen, n'a jamais rien su ni appris... Le ministre de la Guerre a été, comme en beaucoup d'autres occasions, si maladroit dans cette enquête, qu'il est impossible qu'il continue à rester à son poste. »

sérées dans la presse; le comte de Münster s'était exprimé dans le même sens vis-à-vis de Hanotaux. Ces déclarations, poliment accueillies, laissèrent le Gouvernement français parfaitement sceptique : il connaissait de source certaine la provenance du bordereau, et, si Münster était sincère, Schwarzkoppen avait eu le tort de ne pas l'avertir qu'il avait réellement un *autre* informateur dans le corps des officiers français. Une note de l'agence Havas (30 novembre) eut beau mettre hors de cause les ambassades étrangères; les journaux continuèrent à incriminer l'Allemagne, et lorsque, au commencement de décembre, Münster, sur l'ordre exprès de l'empereur allemand, invita Hanotaux à passer à l'ambassade et lui renouvela ses protestations, on fit courir le bruit que l'Allemagne avait exigé et obtenu la restitution des pièces qui établissaient la culpabilité du traître!

Impatientée par la persistance de ces attaques, l'ambassade allemande fit insérer dans le *Figaro* du 26 décembre une nouvelle note démentant formellement qu'elle eût eu avec Dreyfus « le moindre rapport, soit direct, soit indirect ». Et comme cette note faisait aussi long feu que les précédentes, le chancelier télégraphia le 4 janvier à Münster d'aller dire lui-même à Casimir-Perier que, s'il était prouvé que l'ambassade d'Allemagne n'avait jamais été impliquée dans l'affaire Dreyfus, il espérait que le Gouvernement français n'hésiterait pas à le déclarer. Autrement on laissait entendre que l'ambassadeur quitterait Paris.

Cette dépêche, communiquée par Münster à Dupuy, qui faisait alors l'intérim du ministère des Affaires étrangères, avait un vague air d'ultimatum (1). Le Président de la République, jusqu'alors très mal informé des détails de l'affaire, laissé par Hanotaux dans l'ignorance de ses conversations avec Münster, se fit enfin communiquer le dossier judiciaire. Après l'avoir lu, il accorda à Münster, le 6 janvier, l'audience demandée. Il lui affirma très franchement que le bordereau avait été pris à l'ambassade, mais ajouta que ce n'était pas une pièce importante et que rien ne prouvait qu'elle eût été « sollicitée ». Après en avoir référé à Berlin, Münster consentit à la rédaction d'une note Havas qui, une fois de plus, mettait hors de cause les ambassades et terminait l'incident (9 janvier 1895).

Le 15 janvier, sous prétexte d'une crise ministérielle qui le découvrait, Casimir-Perier donnait sa démission de Président de la République. Au Congrès réuni pour élire un nouveau Président, on fit passer des bulletins imprimés au nom du général Mercier; un placard le posait même en sauveur de la République, pour avoir fait condamner le traître Dreyfus contre vents et marée. Il obtint trois voix! Ribot, chargé par le nouveau Président (Félix Faure) de constituer un nouveau cabinet, ne fit pas appel à un collaborateur aussi compromettant; le portefeuille de la Guerre fut attribué au général Zurlinden.

---

(1) Mercier, pour excuser rétrospectivement la communication clandestine du dossier secret, place à ce moment (dans sa déposition de Rennes) une prétendue « nuit historique » où il se serait tenu en permanence au ministère, pour lancer, le cas échéant, l'ordre de mobilisation. Casimir-Perier n'a aucun souvenir de cette « nuit historique ».

Deux jours après, dans la nuit du 17 au 18 janvier, par un froid rigoureux, Dreyfus, extrait de la prison de la Santé, fut transféré à La Rochelle, puis à l'Ile de Ré, dans un pénitencier militaire. La populace, qui l'avait reconnu, le poursuivit de cris de mort; un officier le frappa. Stoïque, il pardonnait à ses bourreaux; son esprit mathématique comprenait leur indignation contre le traître dont il faisait le personnage. A Ré comme à la Santé, il fut autorisé à recevoir quelques visites de sa femme, mais on s'efforça, par des précautions minutieuses, de les rendre le plus courtes et le plus cruelles possible. Une loi votée *ad hoc* venait d'ériger en lieu de déportation politique les îles du Salut, dans la Guyane française en remplacement de la presqu'île Ducos (Nouvelle-Calédonie) où la surveillance, disait-on, était difficile.

La notice individuelle, rédigée par le ministère à l'usage des gardiens de Dreyfus, le dénonçait comme « un malfaiteur endurci, tout à fait indigne de pitié ». Cet avis au lecteur ne devait être que trop bien compris. Le 21 février, au soir, le malheureux, tiré précipitamment de son cachot, fut embarqué sur la *Ville-de-Saint-Nazaire*, qui devait l'emporter par delà l'Atlantique vers son lieu de déportation.

VI

Les îles du Salut, où Dreyfus fut débarqué le 15 mars 1895, sont un petit archipel situé à 50 kilomètres de Cayenne, en face de l'embouchure de la rivière Kourou. C'est, malgré son nom, un pays malsain. Une chaleur continue, cinq mois de pluies incessantes, des effluves paludéens énervent et brisent les santés les plus robustes; sous le Second Empire, les déportés y avaient péri par centaines. On affecta au séjour de Dreyfus la plus petite île du groupe, l'îlot du Diable, jusqu'alors occupé par une léproserie.

Au sommet de ce rocher désolé, loin des rares palmiers de la rive, on lui bâtit une case de 4 mètres de côté; nuit et jour un surveillant se tenait dans le tambour de la porte, avec interdiction de lui adresser la parole. Jusqu'au coucher du soleil, le prisonnier était autorisé à se promener dans un petit rectangle d'environ 200 mètres, aux abords de sa case, désert pierreux où il avait pour tout horizon « d'un côté l'île Saint-Joseph avec le bourreau, et de l'autre l'île Royale avec les forçats, puis l'immensité de la mer au delà des brisants et des récifs (1) ».

Mme Dreyfus avait demandé à suivre son mari dans son lieu d'exil : le texte de la loi semblait l'y autoriser ; néanmoins le ministère lui refusa cette faveur, alléguant que le régime auquel était soumis le condamné s'y opposait. Dreyfus fut donc réduit à sa propre société et à celle de ses gardiens. Le commandant des îles, Bouchet, quoique très méfiant, montra de l'humanité ; mais le gardien-chef, Lebars, qui avait reçu du ministre des instructions sévères, renchérit encore sur celles-ci. Mal nourri, astreint à des besognes sordides, vivant le jour dans la vermine et dans l'ordure, la nuit dans une hallucination perpétuelle, Dreyfus ne tarda pas à tomber malade de la fièvre.

Le médecin intervint et obtint une amélioration de régime. Lui-même, sentant clairement que son devoir était de vivre, réagit énergiquement contre la torpeur qui l'envahissait. Pour entretenir ses forces physiques, il s'astreignit à un exercice régulier ; pour empêcher son intelligence de sombrer, il se fit venir des livres, qu'il lut et relut, rédigea des résumés, apprit l'anglais, reprit ses études mathématiques ; pour remplir le reste de ses longues heures de loisir, il écrivit un journal, monotone comme sa vie, torturant comme l'éternel problème qui brûlait son cerveau.

Il ne pouvait correspondre qu'avec les siens, et ne devait les entretenir que d'affaires de famille. Ses lettres, contrôlées par l'administration, ne sont qu'un long cri vers la justice. Il dédaigne la souf-

---

(1) *Figaro*, 8 septembre 1896.

france physique; ce qui l'obsède, c'est ce « manteau d'infamie » qui pèse sur ses épaules. Malgré tout, il a confiance dans la patrie, dans ses chefs; c'est d'eux qu'il attend l'enquête décisive qui lui rendra son honneur. Quelquefois, il supplie sa femme d'aller, ses enfants à la main, implorer le Président de la République. Lui-même écrit au Président, à Boisdeffre, au commandant Du Paty, sans recevoir de réponse.

Pendant un temps, les lettres affectueuses de sa femme et de son frère, leurs paroles confiantes, dictées par la pitié, soutinrent son courage; mais les mois, les saisons se succèdent sans amener un rayon d'espoir. Peu à peu, le climat faisait son œuvre. La fièvre le rongeait; son visage jauni et ridé, sa barbe blanchissante annonçaient la vieillesse précoce, la fin prochaine. Il perdait, faute d'emploi, l'usage de la parole ; son cerveau même s'atrophiait. Le 5 mai 1896, il note dans son journal : « Je n'ai plus rien à dire, tout se ressemble dans son atrocité ».

Cependant sa douceur, sa résignation, son exacte observation des règlements n'avaient pas laissé de faire impression sur ses geôliers; plusieurs le croyaient innocent; jamais aucune punition disciplinaire ne lui fut infligée. Mais au commencement de septembre 1896, le faux bruit de son évasion fut lancé par un journal anglais. On a su beaucoup plus tard que ce faux bruit avait été mis en circulation par Mathieu Dreyfus, qui espérait ainsi secouer la torpeur de l'opinion et préparer le terrain à une brochure de Bernard Lazare demandant la revision du procès de 1894. Quoique démentie aussitôt, la nouvelle émut l'opinion publique. Rochefort, Drumont, décrétèrent l'existence d'un « syndicat d'évasion », publièrent des renseignements mensongers sur le régime du condamné, assurèrent qu'avec un peu d'argent rien n'était plus facile que de faire sauver Dreyfus.

Le ministre des Colonies, André Lebon, prit peur. Il avait beau savoir le néant de ces racontars, l'irréprochable conduite du condamné; par surcroît de précautions, il câbla au gouverneur de la Guyane de dresser autour du promenoir de Dreyfus une solide palissade de madriers avec sentinelle extérieure, en plus de celle du tambour. Jusqu'à l'achèvement de ce travail, le condamné devait être maintenu jour et nuit dans sa case, et la nuit, jusqu'à nouvel ordre, soumis au régime de la « double boucle »: on appelait ainsi des carcans en fer où l'on engageait les pieds du prisonnier et qu'un dispositif rendait solidaires de sa couchette, de manière à le condamner à l'immobilité absolue ou à d'intolérables douleurs. Cet ordre barbare, et d'une légalité au moins douteuse, fut ponctuellement exécuté, à l'égale stupeur de Dreyfus et de ses gardiens. Pendant vingt-quatre nuits torrides, le malheureux fut au supplice ; pendant deux mois il ne put sortir de son taudis infect et étouffant. Quand on lui rouvrit sa case, elle était cernée d'un mur qui lui cachait le ciel, et derrière ce mur, son promenoir, enclos d'une palissade haute de plus de 2 mètres, n'était désormais qu'une sorte de couloir de cirque, d'où il n'apercevait même plus la mer, la suprême consolatrice qui jusqu'alors lui avait parlé des siens.

Un nouveau commandant des îles, Deniel, qui

prit possession de son poste au mois de novembre 1896, fit transférer le condamné (août 1897) (1) dans une nouvelle case moins malsaine, mais non moins étouffante; il poussa la sévérité et l'inquiétude jusqu'à interdire aux gardiens de Dreyfus la lecture des lettres de sa femme. Ses rapports à l'Administration coloniale sur l'attitude du prisonnier travestissaient avec une malveillance ingénieuse ses moindres actes, ses paroles, et jusqu'à son silence.

---

(1) Au mois de juin 1897, la prétendue apparition d'une goëlette à proximité des îles provoqua un branlebas de combat; un mouvement suspect de Dreyfus, et le surveillant de garde le passait par les armes; telle était la rigueur des consignes! En janvier 1898, on bâtit encore dans l'île une haute tour d'alerte munie d'un canon Hotchkiss.

VII

Pendant ce temps, la famille de Dreyfus, fidèle à la consigne qu'il lui avait laissée en partant, n'avait pas cessé de poursuivre son enquête pour découvrir le vrai coupable. Mathieu Dreyfus prit la direction de ces recherches; il y apporta un dévouement inlassable, un zèle touchant, une imagination féconde, un jugement droit, mais que sa prudence ne préservait pas toujours de l'erreur : il ne dédaigna même pas de consulter des voyantes, toujours si suspectes. Les éléments d'une enquête sérieuse lui faisaient défaut; l'Etat-major, loin de seconder ses efforts, le faisait guetter jalousement; des intrigants semaient des pièges sur sa route, il se savait surveillé; au premier faux pas, la nouvelle loi sur l'espionnage, très rigoureuse et terriblement élastique, permettrait de le mettre à l'ombre. Quant aux hommes politiques qu'il cherchait à intéresser à sa cause, la plupart l'éconduisirent; ou, intimidés par le ministère de la Guerre, se découragèrent dès leurs premières démarches.

Il avait pour fil conducteur quelques notes de son frère et une copie de l'acte d'accusation, qu'il avait déposée à l'étranger. Il savait en outre par le docteur Gibert, du Havre, auquel Félix Faure l'avait confié, le 21 février 1895 (1), que Dreyfus avait été condamné sur le témoignage d'une pièce secrète, non communiquée à la défense. Ce renseignement fut corroboré par des propos échappés à quelques-uns des juges de 1894. L'un d'eux en parla au vieil avocat Salles qui devait le répéter à Demange. D'autre part, Hanotaux, informé par Mercier, avait confié à Trarieux, et Trarieux à Demange, que la pièce « décisive » renfermait l'initiale du nom de Dreyfus (il s'agit de la pièce « Canaille de D... »). Mathieu Dreyfus partit de l'idée plausible, mais fausse, que cette pièce se rapportait réellement à l'auteur du bordereau, et que l'initiale était sincère; de là son acharnement à chercher un officier dont le nom commençât par un D. Il se lança successivement sur plusieurs pistes, dont aucune ne mena au but.

C'est d'un autre côté que devait venir la lumière.

Peu de temps après la condamnation de Dreyfus, le « bureau des renseignements » avait changé de chef. Sandherr, envahi par la paralysie générale, avait pris sa retraite, en même temps que Cordier (1er juillet 1895); on lui donna pour successeur, non pas le commandant Henry, qui ambitionnait le poste, quoiqu'il ne sût aucune langue étrangère, mais le commandant Picquart, celui-là même qui avait, on se le rappelle, été chargé de

(1). Lorsque au procès Zola (1898) Gibert fut cité comme témoin, Félix Faure lui fit dire que s'il racontait cette conversation, le Président le traiterait de fou et de menteur. La maladie empêcha Gibert de se présenter à l'audience.

suivre les débats du procès Dreyfus pour en rendre compte au ministre et au chef d'Etat-major. C'était un jeune et brillant officier, d'origine alsacienne, très travailleur, très instruit, d'intelligence claire, de parole aisée, et qui paraissait partager les préjugés antisémitiques de son entourage; il fut promu lieutenant-colonel le 6 avril 1896, le plus jeune de l'armée. Dès son arrivée au bureau, il réorganisa le service, où la maladie prolongée de Sandherr avait laissé introduire de mauvaises habitudes. En particulier, il exigea que les « cornets », où Mme Bastian continuait à recueillir les papiers de rebut de l'ambassade d'Allemagne, et qu'elle remettait au commandant Henry, passassent d'abord sous ses yeux, avant d'être confiés au capitaine Lauth, chargé de reconstituer et de recoller les documents. Ces cornets ne livraient d'ailleurs pas grand'chose, assez cependant pour constater que les fuites de renseignements confidentiels n'avaient pas cessé depuis la condamnation de Dreyfus.

Le chef d'Etat-major, Boisdeffre, en remettant le service à Picquart, lui avait déclaré qu'à son avis l'affaire Dreyfus n'était pas finie. Il fallait redouter un « retour offensif des Juifs »; en 1894 on n'avait pas réussi à découvrir le mobile de la trahison : il y avait donc lieu de continuer les recherches, de nourrir le dossier. Il ne manquait pas d'agents interlopes pour offrir cette nourriture. C'était alors un véritable métier de vendre des renseignements sur Dreyfus, et de les vendre fort cher; mais, à l'examen, tous ces renseignements se réduisaient à néant, et Picquart finit par s'en dégoûter. Une nouvelle « enquête de moralité », qu'il confia à Guénée, l'agent d'Henry, ne fournit aucun fait nouveau.

Au mois de mars 1896 (1), à une époque où Henry, préoccupé de la santé de sa mère et distrait par différentes affaires à poursuivre en province, ne faisait que de rares et brèves apparitions au bureau, il remit un jour à Picquart le cornet très volumineux de Mme Bastian, sans même avoir pris le temps d'y jeter un coup d'œil. Picquart, sans l'examiner davantage, le passa à Lauth. Quelques jours après, celui-ci, tout effaré, revint apportant à son chef un télégramme pneumatique (*vulgo* : un « petit bleu ») dont il avait retrouvé dans le cornet les fragments. Recollés ensemble, ils présentaient le texte suivant :

« *Monsieur le commandant Esterhazy*
27, rue de la Bienfaisance,
Paris.

Monsieur,

J'attends avant tout une explication plus détaillée [que] celle que vous m'avez donnée l'autre jour sur la question en suspens. En conséquence, je vous prie de me la donner par écrit pour pouvoir juger si je peux continuer mes relations avec la maison R. ou non.

C. »

L'écriture de ce billet était déguisée (2), mais

(1) La date exacte est incertaine. Picquart a d'abord indiqué le mois de mai, certainement par erreur.

(2) On assure qu'elle est celle d'une étrangère, amie du colonel de Schwarzkoppen, qui lui faisait souvent visite à l'ambassade.

la provenance ne permettait pas de douter qu'il n'émanât du colonel de Schwarzkoppen; le bureau possédait un autre document, sûrement écrit ou dicté par lui, et signé de la même initiale conventionnelle. Le « petit bleu » n'avait point passé par la poste; manifestement, après l'avoir dicté, l'Allemand s'était ravisé et l'avait jeté au panier, en prenant soin de le déchirer en très petits morceaux — plus d'une cinquantaine; il n'avait prévu ni le manège de Mme Bastian, ni la patiente industrie du service de statistique.

« C'est effrayant, dit le capitaine Lauth, est-ce qu'il y en aurait encore un? » (entendant un traître galonné). Picquart ne pouvait que partager cette impression, mais, préoccupé d'éviter les indiscrétions et les maladresses qui avaient été commises en 1894, il résolut de mener lui-même une enquête secrète avant d'ébruiter sa découverte. Il serra le « petit bleu » dans son coffre et, peu après, en fit faire par Lauth des photographies, où il s'efforça, sans succès, de faire disparaître les traces de déchirures. Le but de cette précaution, dont on lui fit ensuite un grief, était d'abord de rendre la lecture plus nette, ensuite d'empêcher les officiers, forcément nombreux, qui manipuleraient plus tard ces photographies, de deviner immédiatement l'origine du document.

Picquart commença par se renseigner sur la personnalité du commandant Esterhazy, destinataire du « petit bleu ». Il s'adressa, à cet effet, à son ami le commandant Curé, camarade de régiment d'Esterhazy. Les renseignements recueillis furent très mauvais.

Ferdinand Walsin Esterhazy, né à Paris, le 16

décembre 1847, se rattachait à une noble famille hongroise, dont une branche s'était fixée en France à la fin du XVIIe siècle et y avait formé un régiment de hussards. Sa bisaïeule, sœur d'un favori de Marie-Antoinette, avait été séduite par un gentilhomme cévenol; elle en eut un fils naturel qui, d'abord élevé sous le nom de Walsin, fut reconnu par sa mère pendant la Révolution; il s'adjugea alors le nom d'Esterhazy et s'établit commerçant à Nîmes. Deux des fils de ce bâtard suivirent avec distinction la carrière militaire et devinrent l'un et l'autre généraux de division pendant la guerre de Crimée; c'est l'un d'eux qui fut le père du commandant Esterhazy.

Orphelin de bonne heure, après des études incomplètes au lycée Bonaparte à Paris, le jeune Ferdinand Esterhazy fit une éclipse vers 1866 (1); on le retrouve en 1869 engagé dans la légion romaine, au service du pape, puis, en juin 1870, dans la légion étrangère, où la protection de son oncle lui valut d'entrer avec le grade de sous-lieutenant; il s'affublait alors du titre de comte, auquel il n'avait aucun droit. Survint la guerre contre l'Allemagne. Dans la pénurie d'officiers réguliers qui se produisit après la catastrophe de Sedan, Esterhazy obtint de passer lieutenant au titre français, puis capitaine, et fit les campagnes de la Loire et du Jura. Rétrogradé après la paix, il n'en resta pas moins dans l'armée et devint officier d'ordonnance du général Grenier, qui le prit

(1) Le séjour d'Esterhazy en Autriche, son passage par une école militaire, sa blessure à Custozza paraissent être autant de fables.

en amitié. On le retrouve ensuite (1876) employé comme traducteur d'allemand au bureau des renseignements, puis, sous des prétextes variés, au ministère de la Guerre. Il n'apparaissait jamais dans son régiment, à Beauvais, et menait à Paris une vie de dissipation, de jeu et de spéculations louches où sa petite fortune ne tarda pas à sombrer.

En 1881, il fut attaché au corps expéditionnaire de Tunisie et ne s'y distingua guère; employé ensuite au service des renseignements, puis aux affaires indigènes dans cette province, il inscrivit de sa propre autorité, sur ses états de service, une citation « pour fait de guerre », dont la fausseté fut plus tard reconnue. De retour en France (1885) il tint longtemps garnison à Marseille : c'est là que, à bout de ressources, il se maria, en 1886, avec une demoiselle de Nettancourt, appartenant à une vieille famille royaliste et dévote, qui lui apporta 200.000 francs. Le mariage ne rétablit d'ailleurs ni sa fortune si ses mœurs; il eut vite fait de manger la dot de sa femme, qui dut bientôt se faire séparer de biens. En 1892, par la protection du général Saussier, Esterhazy réussit à se faire nommer major au 74e de ligne, à Rouen. Le voisinage de Paris, où il se replongea dans le jeu et la débauche, acheva alors de le perdre.

Au physique, c'était un grand gaillard sec, osseux, prématurément courbé, miné par la tuberculose; le bec d'un vautour, la grosse moustache d'un pandour. Malgré sa tournure exotique — ses camarades le qualifiaient de *rastaquouère* — il séduisait d'abord par la verve de sa conversation, la vivacité de ses saillies. Son instruction militaire, son instruction générale étaient assez étendues;

son style, incorrect et bizarre, avait de la chaleur et du mouvement. Mais sous ces dehors de soldat-gentilhomme, il y avait un héros raté de Balzac, une âme ravagée, assoiffée de jouissances, gonflée de fiel, rongée par l'envie et l'ambition déçue. Sa vie privée était orageuse. Après un grand nombre de liaisons plus ou moins éphémères, quoique marié et père de deux enfants, il était descendu jusqu'à une fille avec laquelle il vivait presque publiquement. Son patrimoine dévoré, il avait demandé des ressources aux tripots, à la Bourse; talonné par ses créanciers, il recourait à l'escroquerie, au faux ou à la mendicité. Ayant servi, en 1892, de témoin à Crémieu Foa dans son duel avec Drumont, il prétendit que ce rôle chevaleresque l'avait brouillé avec sa famille, avec ses chefs, produisit de fausses lettres à l'appui de ses dires, menaça de se tuer, lui et ses enfants, et obtint ainsi, par l'entremise du grand rabbin, un secours des Rothschild (juin 1894); cela ne l'empêcha pas d'être au mieux avec la *Libre Parole* et très probablement de la documenter.

L'avancement militaire d'Esterhazy avait été rapide pour un officier sorti du rang : lieutenant en 1874, capitaine en 1880, décoré en 1882, chef de bataillon au choix en 1892; ses notes étaient généralement excellentes. Néanmoins, il se considérait comme méconnu, lésé. Dans ses lettres, dans ses conversations il se répandait en récriminations, en injures contre ses chefs; il allait plus loin, traînant dans la boue l'armée française tout entière et la France elle-même, à laquelle il prédisait, souhaitait de nouveaux désastres. Un pareil homme, véritable sans-patrie, était une proie désignée à la trahison; il devait fatalement, un jour de détresse, échouer dans l'espionnage rémunéré. Déjà en Tunisie, il avait éveillé les soupçons, paru se lier trop étroitement avec l'attaché militaire allemand; en 1892, il fut l'objet d'une dénonciation au général Brault; en 1893, il entrait au service de Schwarzkoppen, qui n'en eut pas, d'ailleurs, pour son argent (1).

Picquart ne pénétra pas tout d'abord le détail de ses relations avec l'attaché allemand, que laissait seulement entrevoir le « petit bleu »; ce qu'il sut, ce furent les désordres, les scandales de la vie privée d'Esterhazy; il apprit aussi, détail ca-

(1) D'après les divulgations ultérieures (lettre de Conybeare à J. Reinach, *Histoire*, III, 638), Esterhazy reçut de l'attaché allemand, auquel il s'était offert, une mensualité de 2.000 marks. Il lui fournit d'abord quelques renseignements intéressants sur l'artillerie; il prétendait être documenté par le commandant Henry, qu'il avait eu pour camarade au bureau des renseignements en 1876. Mais Henry, confiné dans un service très spécial, n'était guère en mesure de le renseigner sur des questions techniques; il doit avoir eu d'autres informateurs de bonne foi, par exemple son intime ami Maurice Weil, familier et officier d'ordonnance (au titre territoral) du général Saussier. Weil avait eu une fâcheuse aventure de sport, mais c'était un écrivain militaire distingué et un grand fureteur d'archives.

Au surplus, les renseignements fournis devinrent bientôt si insignifiants que Panizzardi (auquel Schwarzkoppen les communiquait sans livrer le nom d'Esterhazy) et l'Etat-major prussien conçurent des doutes sur la qualité d'officier de l'informateur; il fallut, pour convaincre l'attaché, qu'Esterhazy se montrât un jour en tenue, galopant derrière un général connu! Le major, dans les régiments, étant chargé du service de la mobilisation, est toujours bien documenté à cet égard;

ractéristique, que le commandant Esterhazy, officier négligent, constamment absent de sa garnison, ne s'en montrait pas moins extrêmement friand de renseignements sur les questions militaires confidentielles, en particulier sur celles qui concernaient la mobilisation et l'artillerie. Il fréquentait assidûment les champs de tir, et, quand il n'obtenait pas d'être envoyé aux écoles à feu, y allait à ses frais : c'est ce qu'il avait fait notamment en 1894, l'année du bordereau. Il empruntait aussi des livres, des documents, sous le prétexte d'un fusil auquel il travaillait, et les faisait copier par ses secrétaires.

Picquart n'établit d'abord aucun lien dans son esprit entre le « petit bleu » et le bordereau ; il se crut simplement sur la piste d'un nouveau traître et s'occupa de le prendre la main dans le sac. Différentes circonstances d'ordre privé l'empêchèrent de pousser d'abord très activement son enquête, confiée à un agent, Desvernine. D'ailleurs quelqu'un avait averti Esterhazy qu'il était filé : non seulement on ne surprit aucune visite suspecte de sa part, mais il se montra ostensiblement à l'ambassade d'Allemagne, où il était allé réclamer un passeport pour son colonel. Il poussa même l'audace jusqu'à demander avec insistance à rentrer au ministère, de préférence au bureau des ren-

---

mais quant à l'artillerie, dont les perfectionnements préoccupaient surtout les Allemands, la difficulté qu'avait Esterhazy à se renseigner apparaît bien dans le langage du bordereau, et dans la tentative qu'il fit (août 1894) d'emprunter le manuel de tir au lieutenant Bernheim (du Mans), dont il avait fait la connaissance par hasard.

seignements, et sut faire appuyer sa demande par de hautes influences parlementaires et militaires.

Cependant un nouvel incident vint fortifier les soupçons de Picquart. L'attaché militaire français à Berlin, Foucault, l'informa d'une conversation singulière qu'il avait eue avec un certain Richard Cuers, bizarre personnage qui, comme d'autres espions de ce genre, flottait entre la France et l'Allemagne. Cuers, congédié par l'Etat-major prussien, était venu raconter à Foucault que l'Allemagne n'avait jamais employé Dreyfus, qu'elle n'avait soudoyé qu'un seul officier, un chef de bâtaillon d'infanterie, ou soi-disant tel, âgé de 40 à 50 ans; cet officier avait fourni récemment des feuilles du cours de l'Ecole de tir de Châlons. Le signalement concordait parfaitement avec celui d'Esterhazy, et Picquart savait que celui-ci avait emprunté à son colonel le cours en question. Cuers paraissait disposé à en dire davantage et demandait une entrevue. Picquart décida qu'elle aurait lieu à Bâle; il fit choix de Lauth pour cette mission; Lauth insista pour être accompagné d'Henry. L'entrevue eut lieu le 6 août; à leur retour les deux officiers affirmèrent n'avoir rien obtenu de Cuers, qui leur aurait fait l'effet d'un agent provocateur. Au contraire, Cuers se plaignit à Foucault d'avoir été *bousculé* par l'un d'eux qu'il désigna clairement (c'était Henry), comme pour l'empêcher de parler.

Entre temps (le 5 août 1896), Picquart mit le général de Boisdeffre au courant de sa découverte, et, sur l'ordre de celui-ci, le ministre de la Guerre, général Billot. Tous deux l'engagèrent à continuer discrètement son enquête; toutefois Boisdeffre parut dès lors peu disposé à entrer dans la voie des poursuites judiciaires : si Esterhazy était un traître, on l'éliminerait de l'armée à la sourdine; on ne voulait pas d'une nouvelle affaire Dreyfus.

Picquart s'occupa alors sérieusement de se procurer des échantillons de l'écriture d'Esterhazy; on lui remit deux lettres que le commandant venait d'écrire au chef du cabinet civil et à un officier d'ordonnance de Billot pour solliciter sa rentrée au ministère. En les apercevant, Picquart fut saisi : c'était l'écriture du bordereau attribué à Dreyfus et dont il possédait une photographie! Il voulut contrôler son impression. Il montra la photographie de ces lettres (dont il avait retranché les noms propres) à Du Paty et à Bertillon. Du Paty déclara : « C'est de Mathieu Dreyfus »; Bertillon : « C'est l'écriture du bordereau. » Et comme Picquart lui assurait que les lettres étaient d'une écriture récente : « Alors c'est que les Juifs ont, depuis un an, exercé quelqu'un pour imiter l'écriture : ils sont arrivés à l'identité. »

La connexité entre les deux affaires apparut alors au jeune colonel dans son effrayante certitude. Si Esterhazy, comme tout l'indiquait, était l'auteur du bordereau, Dreyfus serait donc la victime d'une erreur judiciaire ? Un moment il se raccrocha à l'idée qu'il devait y avoir d'autres preuves de la culpabilité de celui-ci. Où pouvait-on les trouver, sinon dans le dossier secret, communiqué aux juges de 1894, et où lui aussi avait une confiance aveugle, sans en connaître le contenu? Ce dossier, on se le rappelle, n'avait pas été détruit, malgré les ordres de Mercier; il se trouvait dans l'armoire en fer d'Henry. En l'absence d'Henry, Picquart se le fit apporter par Gribelin l'archiviste; il le feuilleta d'une main fébrile; à chaque page, une écaille lui tombait des yeux, une croyance du cœur : ce secret plein d'horreur, ce saint des saints, ce chef-d'œuvre du « bureau », c'était le néant. Aucun document ne s'appliquait, ne pouvait s'appliquer à Dreyfus. Des deux seules pièces un peu importantes, l'une, la pièce « Canaille de D... », ne concernait visiblement aucun officier; l'autre, le memento de Schwarzkoppen, désignait presque sûrement Esterhazy. Quant à la « concordance », inspirée du travail de Du Paty, c'était un tissu de rêveries, de suppositions, d'erreurs (31 août).

Bouleversé, mais confiant dans la loyauté de ses chefs, Picquart rédigea aussitôt une note et l'apporta à Boisdeffre. Le général se montra fort surpris et mécontent que le dossier secret n'eût pas été détruit. Sur le fond, il ne se prononça pas; il ordonna simplement à Picquart d'aller rendre compte au sous-chef d'Etat-major, général Gonse, qu'on avait jusque-là tenu à l'écart. Gonse, alors en villégiature, reçut le colonel, écouta sans sourciller ses révélations, et conclut qu'il fallait « séparer les deux affaires », celle de Dreyfus et celle d'Esterhazy.

Cette consigne, confirmée — sans doute donnée — par Boisdeffre, parut illogique à Picquart, puisque le bordereau établissait entre les deux affaires un lien indissoluble; il aurait dû comprendre dès lors que ses chefs étaient bien décidés à ne pas laisser rouvrir l'affaire de Dreyfus, dont le sacrifice — innocent ou coupable — leur paraissait nécessaire à l'honneur de l'armée, du bureau des renseignements, de l'Etat-major tout entier, solidarisés dans le jugement de 1894. L'armée, la France demandant pardon à ce juif (1) — quel cauchemar intolérable! Quant au général Billot, à qui Picquart, sur l'ordre de Boisdeffre, fit un rapport complet de l'affaire, il se montra ému. Il n'avait pas les mêmes raisons que ses collaborateurs de défendre coûte que coûte le jugement de 1894, auquel il était totalement étranger : il apprenait même pour la première fois l'histoire du dossier secret. Mais ce soldat politicien vivait dans la terreur de son entourage, qu'il appelait lui-même une jésuitière; on le tenait, prétend-on, par des histoires d'argent; il n'osa pas voir clair, et prit pour devise le mot de la comédie : « Je suis leur chef, il faut que je les suive. »

Entre le jeune chef du bureau des renseignements et ses supérieurs il y avait donc, dès ce moment, un conflit latent qui devait forcément aboutir à la rupture. Picquart mit assez longtemps à s'en apercevoir. Respectueux de la discipline, très attaché à sa profession, il ne tenait nullement à jouer le rôle d'un Don Quichotte ou d'un Curtius; d'autre part, le langage ambigu de ses chefs, qui cherchaient à lui faire deviner leur pensée sans la dévoiler nettement, entretint son illusion. Il ne s'aperçut pas davantage que dans son propre bu-

(1) Boisdeffre avait pour directeur de conscience le jésuite Du Lac, qui paraît avoir joué un rôle important, quoique occulte, dans toute cette histoire. Les espérances que les jésuites fondaient sur l'affaire pour écraser les juifs et les dépouiller de leurs droits civils et politiques sont naïvement exposées dans la *Civiltà cattolica* du 5 février 1898 (J. Reinach, *Histoire*, III, 24).

reau il était jalousé, espionné, contrecarré par ses collaborateurs Henry, Lauth, Gribelin. Ceux-ci eurent vite fait de reconnaître la divergence qui se produisait entre Picquart et ses chefs, et naturellement ils se rangèrent du côté des feuilles de chêne.

A cette raison vulgaire s'ajoutaient peut-être, chez l'un d'eux, des motifs plus pressants. Henry était depuis 1876, où ils avaient servi ensemble au bureau des renseignements, le camarade et même le débiteur d'Esterhazy. Entre ces deux hommes, il y avait un lien, dont la véritable nature est restée inconnue, mais qui devait être bien puissant pour entraîner Henry à la série de mensonges, de perfidies et de faux qui furent plus tard dévoilés. Ni la simple amitié pour Esterhazy, ni la sourde haine pour Picquart, ni le souci de « l'honneur du bureau », ni le désir de se faire bien voir de ses chefs en les rassurant sur la culpabilité de Dreyfus, ne suffisent à expliquer complètement la conduite d'Henry. Il paraît bien probable que dès la fin de 1894 il savait Esterhazy l'auteur du bordereau et que le traître avait barre sur lui (1).

(1) On s'expliquerait ainsi certains faits révélés par la deuxième enquête (1903). Ainsi Henry a dissimulé au colonel Picquart une lettre d'un contre-espion, parvenue au commencement de 1895, et signalant les visites fréquentes faites à Schwarzkoppen par un personnage décoré dont le signalement correspondait à celui d'Esterhazy. Il ne lui montra pas non plus un brouillon d'une lettre de Schwarzkoppen (ramassé par la femme Bastian en *janvier* 1896), où l'attaché annonce à son chef d'Etat-major qu'il va rompre avec son « fournisseur », dont les renseignements sont chers, et deviennent insignifiants ou erronés.

Depuis près de deux ans, la presse, comme obéissant à un mot d'ordre, avait fait le silence sur l'affaire Dreyfus; mais au mois de septembre 1895, le bruit de l'évasion du condamné, rappelé plus haut (p. 50), remit brusquement son nom à l'ordre du jour. La presse antisémite se déchaîna contre les complices, les protecteurs du traître; un député, Castelin, annonça qu'à la rentrée des Chambres il interpellerait le ministère à ce sujet.

D'autre part, on savait à l'Etat-major que la famille Dreyfus poursuivait son enquête et se disposait à publier une brochure demandant la revision du procès de 1894. Picquart, maintenant que ses yeux étaient dessillés, se montra fort préoccupé de ces menées. Sur la foi de Guénée, affidé d'Henry, il croyait Castelin au service des Dreyfus. Il avait aussi été ému par un faux bizarre, inexplicable pour lui, qui lui tomba entre les mains au commencement de septembre : c'était une lettre, d'une écriture simulée et d'un style germanique, soi-disant adressée à Dreyfus par un ami, Weiss ou Weill (1), qui lui annonçait le mariage de sa fille; dans les interlignes étaient écrits à l'encre sympathique, mais lisibles même sans réactif, les mots : « Impossible de déchiffrer dernière communication; reprendre ancien procédé pour répondre. Indiquer avec précision où se trouvaient les documents intéressants et les combinaisons faites pour armoire. Acteur prêt à agir aussitôt. »

Ces derniers mots paraissent viser Picquart, que l'auteur dès lors s'efforce de représenter comme un

(1) C'est à tort que cette pièce est connue sous le nom de faux Weyler.

compère de Dreyfus. C'est le même langage et sans doute le même auteur que ceux d'un faux célèbre (dit faux Otto) dont il sera question plus loin (1). On fit faire par Bertillon un fac-similé de la lettre, qui fut expédié à Dreyfus, et auquel, bien entendu, il ne comprit rien. Néanmoins Lebon décida que désormais les lettres du condamné et celles qu'on lui adressait ne seraient plus transmises qu'en copies, sensible aggravation de son supplice.

Sans pénétrer le mystère de ces ténébreuses intrigues, Picquart prévoyait quelque gros scandale. Dans ses lettres à Gonse, toujours en villégiature, il insistait pour que l'initiative de la réparation vînt de l'Etat-major. Gonse répondait par de vagues conseils de prudence; il s'opposait aux expertises d'écritures que réclamait le colonel. Entre temps, la bombe éclata.

Le 14 septembre 1896 le journal l'*Eclair* publiait sous le titre « Le traître » un article rétrospectif qui prétendait dévoiler les vrais motifs du jugement de 1894. L'article, mélange de mensonges et de demi-vérités, révélait pour la première fois le fait de la communication aux juges d'une pièce secrète, mais cette pièce — la lettre « canaille de D » — y devenait une « lettre chiffrée » où se trouvait la phrase imaginaire: « Décidément, cet animal de Dreyfus devient trop exigeant. » Picquart

(1) Cette tentative n'était d'ailleurs pas la première; déjà précédemment une lettre du même genre et servant les mêmes calculs avait été adressée à Dreyfus, qui n'aperçut pas à ce moment les lignes intercalées à l'encre sympathique.

attribua l'article à la famille Dreyfus (1) — qui, toujours selon Guénée, avait soudoyé l'*Eclair* — et réclama des poursuites que ses chefs n'autorisèrent pas. Il n'en insista que plus vivement pour l'action immédiate. Alors, selon le récit de Picquart (2), s'engagea entre lui et le général Gonse, ce dialogue mémorable : « Qu'est-ce que cela vous fait, dit le général, que ce Juif reste à l'île du Diable ? — Mais il est innocent ! — C'est une affaire qu'on ne peut rouvrir. Le général Mercier, le général Saussier (?) y sont mêlés. — Cependant quelle sera notre posture si la famille arrive à découvrir le vrai coupable ? — Si vous ne dites rien, personne ne le saura. — Ce que vous dites-là est abominable, mon général. Je ne sais pas ce que je ferai, mais en tout cas je n'emporterai pas ce secret dans la tombe. »

Dès ce jour le sacrifice de Picquart fut décidé dans la pensée de ses chefs. On l'autorisa pour la forme à continuer son enquête sur Esterhazy, mais en lui interdisant toute mesure décisive, et en première ligne l'arrestation du commandant ; il proposa, non sans hésitation, de lui tendre un piège, mais le général Billot refusa de lui en donner l'ordre et Picquart d'en prendre la responsabilité. Avec un adversaire aussi retors et visiblement averti (3).

---

(1) Il avait été apporté à l'*Eclair* par un rédacteur du *Petit Journal*. On n'en a jamais su davantage, mais tout porte à y reconnaître la main d'Henry.

(2) Contredit par le général Gonse.

(3) Il vint dire à Drumont qu'on voulait recommencer l'affaire Dreyfus et l'y mêler pour retarder son avancement. « Je ne puis pas me rappeler à quelle date,

des mesures anodines — perquisition clandestine, décachetage de sa correspondance, interrogatoire de ses secrétaires — ne menèrent et ne pouvaient mener à rien. Finalement Henry insinua au général Gonse que Picquart, « hypnotisé » par l'affaire Esterhazy, négligeait le service courant; on ferait bien de lui reprendre le dossier secret Dreyfus qu'il avait aperçu traînant sur le bureau de Picquart en présence d'une tierce personne (1) ; des indiscrétions pouvaient se produire, peut-être s'en était-il déjà produit (allusion à l'article de l'*Eclair*, qu'il attribuait tout bas à Picquart). Gonse ne se le fit pas dire deux fois et reprit le dossier secret (30 octobre).

A quelques jours de là, Henry lui apporta triomphalement une lettre de Panizzardi, écrite au crayon bleu, qu'il venait, disait-il, de trouver en miettes dans le cornet de la ramasseuse. Elle était ainsi conçue : « *Mon cher ami*, J'ai lu qu'un député va interpeller sur Dreyfus. Si on demande à Rome nouvelles explications, je dirai que jamais j'avais des relations avec ce juif. Si on vous demande, dites comme ça, car il faut pas qu'on sache jamais personne ce qui est arrivé avec lui. *Alexandrine.* » L'écriture était bien celle de Panizzardi, et, comme pièce de comparaison, Henry produisait une lettre plus ancienne, soi-disant tirée du rebut du dossier

dit Drumont, mais certainement *avant la publication de Bernard Lazare*, alors que l'affaire Dreyfus était déjà sinon oubliée, du moins entrée dans le définitif. » (*Libre Parole*, 3 décembre 1902).

(1) Plus tard, contre toute vérité, il prétendit que ce tiers était l'avocat Leblois (alors en Allemagne!)

secret, où l'on retrouvait même papier quadrillé, même crayon, même signature (1).

En réalité, la pièce de comparaison était truquée, et la pièce nouvelle était d'un bout à l'autre un faux, exécuté par un des faussaires habituels d'Henry (2), où l'on avait simplement collé l'en-tête et la signature authentiques d'un billet insignifiant. Sans même une expertise minutieuse, le contenu, le style inepte de ce document — Esterhazy, par allusion à son style auvergnat, l'appellera le « document Vercingétorix » — la quasi-certitude acquise dès 1894 par la dépêche de Panizzardi que cet attaché ne connaissait pas Dreyfus, l'insistance d'Henry à demander que la pièce ne fût pas montrée à Picquart, tout aurait dû mettre en garde les chefs de l'Etat-major contre cette preuve nouvelle tombée du ciel au moment critique. Néanmoins Gonse et Boisdeffre crurent ou feignirent de croire à son authenticité, et en convainquirent sans trop de peine le général Billot. Celui-ci finit par en parler à Picquart, sans la lui montrer; le colonel s'inclina, mais, en sortant du cabinet du ministre, exprima ses doutes à Gonse. Gonse ré-

(1) « Mon cher ami, voici le manuel; j'ai payé pour vous 180 selon le convenu. *C'est entendu mercredi huit heures du soir chez Laurent.* J'ai invité trois de mon ambassade dont un seul juif, ne manquez pas. Alexandrine. » Dans ce billet daté (par Henry) du 14 juin 1894, il n'y a tout au plus d'authentique que la phrase en italique. En 1894, il n'y avait aucun juif à l'ambassade d'Italie, mais, en 1896, il y en avait trois.

(2) Probablement Leeman, dit Lemercier-Picard. Il se vanta un jour à Schwarzkoppen d'en être l'auteur. Et le 16 avril 1898 un certain Romano le confirma à Mathieu Dreyfus.

pondit : « Quand un ministre me dit quelque chose, je le crois toujours. »

Cependant les incidents se précipitaient. Le 6 novembre paraissait à Bruxelles le mémoire préparé par la famille Dreyfus et qui avait pour auteur un écrivain juif, Bernard Lazare, qu'un livre ingénieux sur l'*Antisémitisme* et une polémique avec Drumont avaient mis en vedette. Dès 1894 il doutait de la culpabilité de Dreyfus et cherchait à faire partager ses doutes. Les confidences des parents du condamné achevèrent de l'éclairer ; il se mit alors à leur disposition avec un courage et un désintéressement qui ne se démentirent jamais. La brochure anonyme dévoilait le néant de l'acte d'accusation (sans le publier), confirmait la communication de la pièce secrète, mais affirmait, contre l'*Eclair*, qu'elle portait seulement l'initiale banale de D et non pas le nom de Dreyfus en toutes lettres. Cette brochure, distribuée aux membres du Parlement, reçut de la presse un accueil glacial, mais fit réfléchir quelques esprits indépendants.

Quelques jours après (le 10 novembre), le journal le *Matin* publiait le fac-similé du fameux bordereau attribué à Dreyfus. On sut plus tard que le journal le tenait indirectement de l'expert Teyssonnières, qui avait seul gardé la photographie du bordereau confiée à tous les experts du procès de 1894. La publicité donnée à ce fac-similé allait permettre aux experts du monde entier de constater les différences entre l'écriture du bordereau et celle de Dreyfus ; il pouvait aussi tomber sous les yeux de gens qui y reconnaîtraient l'écriture du vrai coupable, et c'est ce qui arriva en effet (1). Aussi l'affolement de l'Etat-major fut-il complet; il s'accrut encore quand Maurice Weil fit porter par un député au ministre de la Guerre une lettre anonyme qu'il venait de recevoir, et où on le prévenait que Castelin allait les dénoncer, lui et son ami Esterhazy, comme complices de Dreyfus.

On voulait reconnaître, dans tous ces incidents la main de Picquart, ou tout au moins l'effet de ses prétendues imprudences. Son départ immédiat fut résolu. Déjà on lui avait annoncé qu'il serait envoyé en mission pour inspecter le service des renseignements de la région de l'Est. Boisdeffre le mena chez le ministre qui lui reprocha vivement d'avoir laissé transpirer des indiscrétions, saisi sans autorisation la correspondance d'Esterhazy, etc. Par reconnaissance de ses bons services passés, on ne le frappait pas, mais on lui intimait l'ordre de s'éloigner sur-le-champ et de remettre son service au général Gonse. Il ne protesta pas et partit (16 novembre).

Deux jours après (18 novembre) eut lieu l'interpellation Castelin, dont l'Etat-major s'était fait un épouvantail. Elle tourna court. Castelin, nullement documenté, encore moins affilié aux Dreyfus, se contenta d'invectiver les défenseurs et les complices du traître, parmi lesquels il nomma à tort et à travers le beau-père de Dreyfus (Hadamard), l'officier de marine Emile Weyl, Bernard

---

(1) L'écriture d'Esterhazy fut reconnue notamment par Schwarzkoppen (qui comprit alors seulement le drame de 1894), par le fils du grand rabbin Zadoc Kahn, clerc d'avoué, et, un peu plus tard, par Maurice Weil.

Lazare; il raconta de prétendues tentatives de corruption, dirigées contre les rapporteurs et les experts de 1894, réclama des poursuites. Le général Billot, qui avait pris la parole avant lui, affirma la parfaite régularité du procès de 1894 et fit appel au patriotisme de l'Assemblée pour abréger ce « dangereux débat ». En effet, après une discussion courte et confuse, la Chambre vota un ordre du jour de confiance invitant le gouvernement à rechercher et à poursuivre *s'il y avait lieu* « les responsabilités qui se sont révélées à l'occasion et depuis *(sic!)* la condamnation de Dreyfus ». L'ordre du jour fut voté à mains levées; l'affaire était enterrée pour un an (1).

(1) Une pétition de Mme Dreyfus, dénonçant, avec l'article de l'*Eclair* à l'appui, la communication de la pièce secrète, fut écartée par la Commission compétente faute de preuve suffisante. Une supplique qu'elle adressa au pape Léon XIII n'eut pas plus de succès.

VIII

Picquart, sous prétexte d'inspection, puis d'organisation du service des renseignements, fut promené sans répit de l'Est au Sud-Est de la France, amené de proche en proche à Marseille, et enfin expédié en Tunisie, où, pour mieux le cacher, on lui fit déposer ses insignes d'Etat-major ; on l'incorpora au 4e régiment de tirailleurs à Sousse. Pendant tout ce temps, le général Gonse lui adressait des lettres bienveillantes, affectueuses même, insistant sur l'importance de sa mission, appuyant aussi d'une manière un peu déplaisante sur les questions d'argent. Picquart ne fut pas dupe de ces cajoleries, mais, en soldat discipliné, il garda le silence, et se contenta d'ajouter à son testament un codicille, destiné au Président de la République, où il faisait l'historique de sa découverte ; de cette manière il était sûr de « ne pas emporter son secret dans la tombe ».

Cependant Henry, sous la direction nominale de Gonse, était devenu le véritable chef du bureau des renseignements, où il prépara dans l'ombre toute une série de grands et de petits faux, destinés, le jour venu, à écraser Picquart si celui-ci tentait un retour offensif. Après avoir longtemps endormi la méfiance de son ancien chef par de feintes protestations de dévouement, tout-à-coup, en juin 1897, il jeta le masque. Il avait intercepté et décacheté dans la correspondance de Picquart certaines lettres privées, très innocentes au fond, mais rédigées dans un langage ridiculement énigmatique, qui pouvaient laisser supposer que celui-ci continuait à travailler de loin à la réhabilitation de Dreyfus. Rien n'était moins exact, mais Henry le crut ou feignit de le croire.

Un jour Picquart, excédé de voir que l'on continuait à lui adresser des missives d'agents de son ancien service, écrivit à Henry un mot assez vif, où il dénonçait « les mensonges et les mystères » dont on entourait depuis six mois sa prétendue mission. Henry, non sans avoir consulté ses chefs, répondit par une lettre d'une insolence extrême, déclarant qu'en fait de « mystères » il ne connaissait que les faits suivants, établis par une « enquête » approfondie : 1° Ouverture (par Picquart) d'une correspondance étrangère au service ; 2° Proposition faite à deux officiers de témoigner, le cas échéant, qu'un papier, classé au service, avait été saisi à la poste et émanait d'une personne connue (1) ; 3° Ouverture d'un dossier secret, suivie d'indiscrétions.

(1) Allusion à une conversation qui avait eu lieu entre Picquart et Lauth dans l'été de 1896. Lauth fit observer à Picquart que le petit bleu, n'ayant pas passé par la poste, n'avait pas de « marque d'authenticité ». Picquart, qui croyait la carte écrite par Schwarzkoppen, lui répondit : « Vous serez toujours là pour attester qui l'a écrit. » Lauth se récria avec raison : « Jamais de la vie ! je ne connais pas cette écriture. » Plus tard on imagina de dire que Picquart avait songé (?) à faire timbrer le petit bleu à la poste, — procédé stupide, puisque dans ce cas il aurait fallu renoncer à prouver qu'il provenait de l'ambassade d'Allemagne.

Cette lettre, à laquelle Picquart ne répliqua que par une brève protestation, lui ouvrit les yeux ; il comprit le complot qui se tramait contre lui, les dangers redoutables suspendus sur sa tête pour avoir été trop clairvoyant. Peut-être aurait-il dû, dès ce moment, accepter l'inévitable, donner sa démission et déchirer tous les voiles. Son attachement à sa carrière et son respect de la discipline le firent reculer devant ce parti héroïque ; il s'arrêta à un moyen terme, par lequel il crut de bonne foi concilier l'intérêt de sa sécurité, sa conscience d'honnête homme et ses devoirs de soldat.

Il demanda un congé, vint à Paris et se confessa à son vieil ami et camarade Leblois (1), un avocat auquel, pendant son passage au ministère, il avait plus d'une fois demandé conseil sur des questions techniques. Sans révéler à Leblois aucun document secret, pas même le « petit bleu », il lui dit qu'il avait découvert le crime d'Esterhazy, l'innocence de Dreyfus, lui dépeignit les périls qu'il courait et lui laissa un mandat général de défense de ses intérêts ; il l'autorisait, le cas échéant, à prévenir le gouvernement, mais lui interdisait formellement d'aviser le frère ou l'avocat de Dreyfus. Comme pièces de conviction, il lui laissait les lettres de Gonse, d'où résultait, selon lui, que l'Etat-major avait tout d'abord partagé ses vues, tout au moins autorisé son enquête (29 juin 1897).

Picquart n'avait pas songé à réveiller publiquement l'affaire Dreyfus, mais Leblois ne resta pas longtemps seul dépositaire de l'effrayant secret. A

(1) Fils d'un pasteur éminent de l'église de Strasbourg, l'auteur des *Bibles de l'humanité.*

peu de jours de là, le hasard le mit en relations avec un des rares hommes politiques qui avaient témoigné quelque sympathie pour les recherches de Mathieu Dreyfus, l'Alsacien Scheurer-Kestner, ancien représentant de l'Alsace et collaborateur de Gambetta, maintenant vice-président du Sénat et l'un des hommes les plus justement estimés du parti républicain.

Dès 1895, Scheurer-Kestner, sollicité par Joseph Reinach, Ranc et Mathieu Dreyfus, était allé aux renseignements ; mais Freycinet, Billot avaient découragé ses démarches et lui avaient fait même craindre qu'en persévérant il ne se fît interdire le séjour en Alsace, où il conservait des affections et des intérêts.

En 1897, on revint à la charge; il voulut alors avoir le cœur net. Il fit une enquête personnelle, où il apporta la rigueur d'un esprit formé à l'école des sciences et des affaires (il était chimiste et industriel). Il fut surpris de constater que toutes les preuves morales, les racontars qu'on alléguait pour expliquer le crime de Dreyfus s'effondraient à l'examen. L'expert Teysonnières, que lui envoya son ami Trarieux, ne réussit pas davantage à le convaincre que le bordereau fût de l'écriture de Dreyfus. Angoissé, il alla dire ses soupçons à son vieux camarade Billot; le général le rassura: une pièce secrète découverte depuis la condamnation, au moment de l'interpellation Castelin, levait tous les doutes; Billot lui en résuma la substance, sans en mettre le texte sous ses yeux. C'était le « coup de massue » qu'il tenait en réserve pour les partisans de Dreyfus, c'était le faux du commandant Henry! Scheurer-Kestner mit immédiatement

Billot en garde contre l'authenticité de ce document; mais le général ne voulut rien entendre.

Scheurer-Kestner en était là de son enquête lorsque Leblois, qui l'avait rencontré dans un dîner, conçut l'idée de recourir à son intermédiaire pour sauver Dreyfus, et, par Dreyfus, Picquart. Risler, neveu de Scheurer-Kestner, était maire du VIIe arrondissement de Paris dont Leblois était l'adjoint; il mena Leblois chez son oncle. Leblois dit à celui-ci tout ce qu'il savait et lui montra les lettres de Gonse: du coup, Scheurer-Kestner fut convaincu et jura de se consacrer corps et âme à la défense de l'innocent (13 juillet 1897).

Mais dès le premier jour il se trouva fort embarrassé sur la marche à suivre. Il était lié envers Leblois, qui l'était envers Picquart; or, Leblois avait défendu de prononcer le nom de Picquart, et Picquart avait défendu d'avertir les Dreyfus; d'ailleurs, Leblois changeait tous les jours de plan et de scrupules. Dans cette perplexité, née de l'équivoque initiale où s'était enfermé Picquart, Scheurer-Kestner se vit condamné à une tactique dangereuse et inefficace; au lieu de former silencieusement un dossier, d'unir ses forces et ses moyens d'investigation à ceux de Mathieu Dreyfus, puis d'éclater par un coup de tonnerre qui eût tout emporté, il fit répandre le bruit de sa conviction sans fournir aucune preuve à l'appui, donna à l'Etat-major l'éveil, le temps de préparer ses batteries, permit enfin à la presse hostile de le discréditer et d'affaiblir d'avance, par des révélations anticipées et tronquées, la portée de ses arguments.

Dès le 14 juillet, Scheurer-Kestner déclarait à ses collègues du bureau du Sénat qu'il avait acquis la certitude de l'innocence de Dreyfus, sans nommer d'ailleurs le véritable coupable. Il autorisa ses amis à raconter sa conversion, et en fit aviser les Dreyfus ; mais quand il voulut en informer le déporté lui-même par le canal de Joseph Reinach, il se heurta au refus formel du ministre Lebon. Entre temps, il alla comme d'ordinaire passer ses vacances en Alsace, et se procura des échantillons de l'écriture d'Esterhazy qui le confirmèrent dans sa conviction, bien que, depuis la publication du fac-similé du bordereau, Esterhazy eût introduit quelques changements dans son graphisme.

Billot ne tarda pas à s'inquiéter ; il fit sonder Scheurer-Kestner par le lieutenant-colonel Bertin-Mourot, qui le trouva résolu à aller jusqu'au bout ; un autre émissaire (le contrôleur général Martinie) se rendit chez Hadamard et chez Mathieu Dreyfus, pour tâcher de se renseigner sur le « dossier » de Scheurer-Kestner. Billot avait conjuré son « vieil ami » de ne rien faire sans l'avoir vu, c'est-à-dire jusqu'à la fin des vacances parlementaires ; Scheurer-Kestner, sans méfiance, lui en donna sa parole à deux reprises : c'était laisser le champ libre aux protecteurs d'Esterhazy.

On s'était mis en règle avec ce personnage en l'éloignant de l'armée. Billot, qui le tenait pour un « gredin », un « bandit », peut-être pour le complice de Dreyfus, avait repoussé avec horreur l'idée de le laisser rentrer au ministère, et s'en était expliqué nettement avec Jules Roche, Grenier, Adrien de Montebello, qui l'avaient recommandé. Le 17 août, Esterhazy fut mis en non-activité « pour infirmités temporaires ». Mais cette part de justice faite, il s'agissait d'empêcher qu'on ne le substituât à Dreyfus.

Que tel fût le dessein de Scheurer-Kestner, on n'en doutait pas : la police secrète d'Henry avait suivi Picquart chez Leblois, puis Leblois chez Scheurer; on se figurait même le vice-président du Sénat beaucoup plus complètement renseigné qu'il ne l'était en effet. Vers la mi-octobre, un conciliabule fut tenu au ministère de la Guerre en prévision de la campagne imminente de Scheurer-Kestner. Y assistaient Gonse, Henry, Du Paty de Clam : ce dernier, quoique étranger au bureau des renseignements, avait été convoqué comme l'artisan principal de la condamnation de Dreyfus, intéressé dès lors plus que tout autre à la maintenir. Gonse exposa l'intrigue « des Juifs » pour substituer à Dreyfus Esterhazy, officier taré, mais qu'une enquête minutieuse avait lavé de tout soupçon de trahison; seulement, c'était un nerveux qui, sous le coup d'une brusque dénonciation, pouvait perdre la tête, s'enfuir ou se tuer (1); alors c'était la catastrophe, la guerre, le désastre. Il fallait donc prévenir Esterhazy, l'empêcher de s'affoler. Comment s'y prendre?

On proposa de lui écrire une lettre anonyme pour lui donner courage. Billot s'opposa à ce procédé; il semble cependant que quelqu'un passa outre, car Esterhazy reçut (ou prétendit avoir reçu) à la campagne une lettre signée *Espérance*, l'avertissant

(1) En effet, Esterhazy, qui déjà une fois (lors de l'article du *Matin*) s'était cru perdu, maintenant avisé de ce qui se tramait, parlait de suicide et mettait au nom de sa maîtresse l'appartement qu'il avait jusqu'alors loué au sien.

que la famille *Dreffus*, renseignée par un certain colonel *Picart*, allait l'accuser de trahison. Le fait certain, c'est qu'il vint s'installer à Paris, alla trouver Schwarzkoppen, lui dit que tout était perdu si celui-ci n'allait pas déclarer à Mme Dreyfus que son mari était coupable, et, sur le refus indigné de l'Allemand, menaça de se brûler la cervelle.

A l'Etat-major, comprenant à demi-mot les désirs de Gonse, Henry et Du Paty résolurent de lier partie avec Esterhazy. L'archiviste Gribelin, déguisé sous une fausse barbe et des lunettes bleues, alla lui porter une lettre lui fixant un rendez-vous au parc de Montsouris. Là, tandis qu'Henry (craignant d'être reconnu par son ancien camarade) faisait le guet, Du Paty, également déguisé, dit à Esterhazy qu'on le savait innocent, qu'on le défendrait, à condition qu'il se conformât rigoureusement aux consignes qu'on lui donnerait (1). Ainsi fut fait. Tantôt Gribelin lui portera au Cercle militaire le programme du lendemain; tantôt Du Paty, dont Esterhazy connut bientôt le nom, et Henry le rencontreront au cimetière Montmartre, ou au pont Alexandre III. Quand on jugea les rencontres trop dangereuses, on correspondit avec lui par l'intermédiaire de sa maîtresse, de son avocat ou de son cousin Christian. Il y avait, du reste, une comédie dans la comédie: à l'insu de son complice, Henry tenait Esterhazy au courant

(1) A la suite de cette entrevue, Esterhazy repassa chez Schwarzkoppen, tout ragaillardi, une fleur à la boutonnière, et lui dit que l'Etat-major entrait en campagne pour sa défense. Huit jours après, Schwarzkoppen se fit rappeler à Berlin : c'était l'aveu discret, mais significatif, que « son homme était pris ».

par des avis chiffrés. C'est dans ces conciliabules que fut arrêté le système de défense qu'Esterhazy exposa plus tard devant les enquêteurs et les juges.

Selon les instructions de ses compères, Esterhazy demanda tout de suite à voir le ministre; celui-ci le fit recevoir par le directeur de l'infanterie, le général Millet. Esterhazy lui raconta son roman; puis il l'écrivit à Billot, terminant par la menace, si on ne le défendait pas, de s'adresser à l'empereur allemand. Il écrivit dans le même style trois lettres successives au Président de la République. Dans la première il demandait justice contre ses calomniateurs, faute de quoi il ferait appel « à son chef de blason, au suzerain (!) de la famille Esterhazy, à l'empereur d'Allemagne ». Dans sa seconde lettre (31 octobre) le chantage se précise: une femme généreuse — plus tard il dira « une dame voilée » — lui a remis pour sa défense la photographie d'une pièce très grave, que Picquart avait dérobée dans une ambassade, et qui compromet gravement de hautes personnalités diplomatiques; s'il n'obtient pas justice, cette photographie, qui est en lieu sûr à l'étranger, sera publiée. Cette hâblerie fut si bien prise au sérieux que le général Leclerc, à Tunis, reçut l'ordre d'interroger Picquart à ce sujet. Cependant, ne recevant pas de réponse, Esterhazy, dans sa troisième lettre (5 novembre), mit littéralement le couteau sous la gorge du Président: la pièce volée prouve la canaillerie de Dreyfus; s'il la publie, c'est pour la France l'humiliation ou la guerre; et il concluait ainsi: « Haro, à moi, mon prince, à la rescousse! »

Cette fois on se décida à l'écouter. Le général Saussier fut chargé d'interroger Esterhazy sur ce redoutable « document libérateur »; il n'obtint de lui aucun détail, l'admonesta paternellement et l'engagea à remettre la pièce au ministre. Le 15 novembre (le jour où Mathieu Dreyfus écrivit sa dénonciation), la pièce fut en effet restituée sous une triple enveloppe, scellée d'un cachet blasonné. C'était, croit-on, une photographie de la pièce « Canaille de D... » (il y en avait plusieurs épreuves dans le dossier secret); rien ne prouve qu'Esterhazy l'ait même jamais tenue entre les mains. Billot lui fit accuser réception de cet envoi par son chef de cabinet, Torcy.

Par ces audacieuses manœuvres, Esterhazy et ses défenseurs de l'Etat-major mettaient dans leur jeu le ministre et le Président de la République, tout en compromettant de plus en plus Picquart. Ils ne s'en tinrent pas là à l'égard de ce dernier. Vers la fin d'octobre, Boisdeffre avait enjoint au général Leclerc, commandant le corps d'occupation de la Tunisie, d'envoyer Picquart en reconnaissance sur la frontière tripolitaine, où l'on signalait de prétendus rassemblements. C'était une région dangereuse, où Morès avait trouvé la mort; Leclerc s'étonna de cet ordre, et, ayant su de Picquart la cause de sa disgrâce, lui défendit de dépasser Gabès.

Quelques jours après, on vient de le voir, Picquart avait à se disculper de l'accusation d'avoir laissé prendre à une femme le « document libérateur » d'Esterhazy; puis, les 11 et 12 novembre, il recevait coup sur coup deux télégrammes ainsi conçus : 1° « Arrêtez le demi-dieu, tout est découvert; affaire très grave. Speranza ». 2° « On a prouvé que le bleu était fabriqué par Georges.

Blanche. » Le premier télégramme s'inspirait d'une lettre d'un certain Ducasse, agent de Picquart, décachetée l'année précédente par Henry (fin novembre 1896), et où se lisaient les mots « le demi-dieu demande tous les jours à la comtesse quand il pourra voir le bon Dieu ». (La comtesse était Mlle Blanche de Comminges, vieille amie de Picquart et de Du Paty ; le demi-dieu, un de leurs amis, le capitaine Lallemand ; le bon Dieu, Picquart lui-même ; mais Henry ne savait pas tout cela). Le faussaire, évidemment documenté par Henry, affectait de prendre le demi-dieu pour Scheurer-Kestner (1). Le second télégramme usurpait le prénom de Mlle de Comminges elle-même, dont la correspondance avec Picquart avait été récemment saisie (2). Les deux télégrammes, copiés au départ de Paris, avaient convaincu la Sûreté générale que Picquart était l'âme d'un complot. En les recevant, et bientôt après une lettre anonyme du même style (3), celui-ci, loin de s'en cacher, s'empressa d'adresser une plainte au général Billot et demanda une enquête sur l'auteur de ces faux.

---

(1) Dès l'année précédente (15 décembre 1896), la lettre de Ducasse avait servi à fabriquer une fausse lettre soi-disant adressée à Picquart par « Speranza », où se lisaient les mots : « Hâtez votre retour... Le demi-dieu ayant parlé, on agira. » Cette lettre, interceptée (fabriquée) par Henry, ne fut pas expédiée à Picquart, mais montrée à Gonse et gardée dans le dossier de Picquart. On la lui présenta le 27 novembre 1897.

(2) Une dépêche, d'ordre tout privé, où figuraient deux noms de femme, a pu donner l'idée du faux.

(3) Il reçut aussi une lettre de menaces d'Esterhazy datée du 7 novembre.

Que faisait cependant Scheurer-Kestner? Rentré à Paris le 23 octobre, il avait d'abord vu le Président de la République, qui refusa ses confidences, puis il eut (le 30) avec Billot une très longue conférence et lui nomma Esterhazy. Billot déclara qu'on n'avait pas pu trouver de preuves contre celui-ci, malgré une enquête permanente, mais qu'il y en avait de décisives contre Dreyfus. Scheurer-Kestner le conjura de se méfier des documents suspects, fit appel à son bon sens, à son cœur; le général resta boutonné. Finalement Scheurer-Kestner lui laissa, de son propre mouvement, quinze jours pour faire une « enquête loyale », s'engageant à ne point parler d'ici là.

Il tint sa parole; Billot manqua à la sienne. On raconta dans les journaux la visite de Scheurer-Kestner au ministre, et qu'il ne lui avait rien montré. Pendant ces quinze jours, non seulement la collusion entre l'État-major et Esterhazy acheva de s'organiser, mais la presse plus ou moins alimentée par le ministère de la Guerre déchaîna la tempête contre le « syndicat juif », qui avait acheté un « homme de paille » pour le substituer à Dreyfus et déshonorer l'armée. Après avoir reproché à Scheurer-Kestner d'avoir parlé, on lui fit maintenant un crime de se taire. Le monde parlementaire, ému par la proximité des nouvelles élections, lui en voulut de soulever une pareille question. Les radicaux n'étaient pas moins enragés que les modérés alors au pouvoir.

Scheurer-Kestner, patient sous l'orage, mais angoissé, persista dans son idée fixe de n'agir que par le gouvernement. Il vit plusieurs fois le président du Conseil, Méline, qui ne voulut pas prendre connaissance de son dossier et l'engagea à saisir le ministère de la Justice d'une demande régulière en revision. Le conseil, donné sans générosité, n'était peut-être pas mauvais (1): cette procédure aurait eu au moins l'avantage de faire passer l'affaire des mains de la justice militaire à celles des juges civils, moins prévenus. Pourtant, réflexion faite, Scheurer-Kestner n'osa pas s'engager dans une pareille voie; il trouvait son dossier trop peu garni.

Une note officielle du ministère (6 et 9 novembre) précisa l'attitude dont le gouvernement était résolu à ne pas se départir: c'était le respect de la chose jugée et des procédures légales de revision; la note ajoutait que le capitaine Dreyfus avait été « régulièrement et justement » condamné, formule qui devint bientôt le refrain du général Billot.

Les choses auraient pu encore traîner, si le hasard ne s'en était pas mêlé. La famille Dreyfus avait fait préparer par Bernard Lazare une seconde brochure, plus volumineuse que la première, où l'on avait recueilli notamment les avis d'un grand nombre d'experts français et étrangers sur l'écriture de Dreyfus; l'avis unanime était qu'il n'y avait pas

(1) D'après la loi nouvelle de 1895, une demande en revision fondée sur un « fait nouveau » ne pouvait être soumise à la Cour de Cassation que par le garde des Sceaux, après l'avis d'une commission spéciale. Or, les dispositions du ministre (Darlan) n'étaient pas malveillantes, et les faits nouveaux qui furent retenus plus tard par la Cour de Cassation étaient dès lors faciles à établir : similitude de l'écriture d'Esterhazy avec celle du bordereau, communication de la pièce secrète. Et une fois l'enquête commencée, que de faits seraient sortis de terre!

identité, mais les uns attribuaient au bordereau une écriture naturelle, les autres y voyaient une forgerie. En attendant cette brochure, Mathieu Dreyfus fit mettre en vente des placards reproduisant le fac-similé du bordereau et celui d'une lettre de son frère. Un de ces placards tomba entre les mains d'un banquier, Castro, qui avait été en relations d'affaires avec Esterhazy ; il reconnut aussitôt dans le bordereau l'écriture de son client, et en fit prévenir Mathieu. Celui-ci, après avoir minutieusement vérifié l'identité des écritures, courut chez Scheurer-Kestner et lui demanda : « Est-ce le même nom ? » « Oui », répondit Scheurer-Kestner (11 novembre).

La Fortune opérait ainsi la conjonction que la sagesse recommandait depuis quatre mois. Même alors on hésita sur la marche à suivre. Scheurer-Kestner, lorsque le délai de quinze jours qu'il avait accordé à Billot fut expiré, écrivit à Ranc une lettre, rendue publique, pour justifier sa conduite. On y lisait ces paroles : « Si, convaincu qu'une erreur judicaire a été commise, j'avais gardé le silence, je n'aurais plus pu vivre tranquille ». En même temps paraissait dans le *Figaro*, sous la signature *Vidi* (Emmanuel Arène), un article destiné à préparer l'opinion, qui désignait, sans le nommer, le véritable traître et infirmait d'avance le « coup de massue » du général Billot. A cet article, Esterhazy répondit dans la *Libre Parole* par un article signé *Dixi*, où il esquissait son système de défense et racontait à sa manière la conspiration de « XY » (Picquart) et des juifs. Ces articles émurent vivement l'opinion, et les journalistes cherchèrent des noms à mettre sous ces initiales.

Un officier irréprochable (M. de Rougemont) fut mis en cause. Pour faire cesser ce scandale intolérable, Scheurer-Kestner pria Mathieu Dreyfus de brûler ses vaisseaux. Le 15 novembre au soir, dans une lettre rendue aussitôt publique, Mathieu dénonçait au ministre de la guerre le « comte » Walsin Esterhazy comme l'écrivain du bordereau et l'auteur de la « trahison pour laquelle son frère avait été condamné ».

IX

La dénonciation de Mathieu Dreyfus, devenue inévitable par l'effet des circonstances, n'en constituait pas moins une véritable faute de tactique, par les termes où elle était formulée. Accuser Esterhazy de la *trahison* imputée à Dreyfus, et non pas simplement d'avoir *écrit* le bordereau, c'était subordonner la revision du procès de 1894 à la condamnation préalable d'Esterhazy pour *trahison*. Or, avec le maigre dossier qu'on avait recueilli, comment espérer obtenir cette condamnation d'un conseil de guerre prévenu, alors qu'on avait contre soi l'État-major, le ministère et l'opinion? C'était jouer la difficulté! Picquart le vit tout de suite. Esterhazy, sitôt dénoncé, s'empressa de réclamer lui-même une information judiciaire, et dès lors mit le public de son côté. Les mêmes causes, qui, en 1894, avaient ameuté l'opinion contre Dreyfus, la déchaînèrent en 1897 contre les promoteurs de la revision, parmi lesquels il n'y avait pas un nom vraiment populaire.

La grande majorité des journaux à fort tirage, toute la presse du boulevard prit fait et cause pour l'Etat-major, qui la récompensait en subsides ou en communications, sans se préoccuper des tendances politiques ou de la valeur morale de ses nouveaux alliés. Dès le premier jour (16 novembre), l'officier d'ordonnance du général de Boisdeffre,

Pauffin (de Saint-Morel), alla porter la bonne parole, ou, comme on disait, le drapeau de la France, à Henri Rochefort. Rochefort ayant bavardé, la chose fit scandale. A la vérité, Pauffin déclara n'avoir agi que de son propre mouvement et fut frappé d'une peine disciplinaire, mais personne ne fut dupe de cette fiction, et l'on attribua communément à cette confidence les renseignements extraordinaires publiés le mois suivant par l'*Intransigeant* (12 à 14 décembre) sur le dossier « ultra-secret », celui des « lettres de Guillaume ».

En face du groupe compact et bruyant de la « presse d'Etat-major », avec ses inventions romanesques et ses nouvelles à sensation, la presse revisionniste, réduite à un petit nombre d'organes, faisait assez piètre figure. Elle lutta pourtant courageusement, le *Figaro* d'abord, puis le *Siècle* en tête, et ses publications documentaires — fac-similé du bordereau et des écritures de Dreyfus et d'Esterhazy, lettres d'Esterhazy à Mme de Boulancy, acte d'accusation d'Ormescheville (*Siècle*, 7 janvier 1898), lettres de Dreyfus à sa famille (*Siècle*, 19 janvier et suivants), lettres de Gonse à Picquart (8 février), etc. — firent peu à peu la lumière, en même temps que la pitié, dans bien des âmes non prévenues (1).

(1) Les principaux journaux antirevisionnistes étaient la *Libre Parole* (Drumont), l'*Intransigeant* (Rochefort), l'*Echo de Paris*, le *Jour* (Vervoort), la *Patrie* (Millevoye), le *Petit Journal* (Judet), avec son immense tirage, l'*Eclair* (Alphonse Humbert). Deux israélites, Arthur Meyer (le *Gaulois*) et Gaston Pollonais (le *Soir*), faisaient tant bien que mal leur partie dans ce concert. L'opinion revisionniste était représentée par le *Figaro*

Le mot d'ordre de la presse antirevisionniste, qui devint bientôt la conviction profonde des trois quarts du pays, était que les « Dreyfusards » insultaient l'honneur de l'armée en accusant un officier de trahison et sept autres officiers d'erreur, qu'ils étaient les alliés de l'étranger, que toute cette intrigue avait été savamment machinée par un « syndicat » cosmopolite — lisez « juif » — dont les inspirateurs et le trésor de guerre étaient à Berlin. L'antisémitisme, le militarisme et le chauvinisme — pour lequel Georges Thiébaud allait bientôt inventer le nouveau nom de nationalisme — se coalisaient pour dénoncer cette odieuse campagne comme un crime de lèse-patrie.

En réalité, il y avait si peu de syndicat que les efforts des partisans de la revision attestèrent bien souvent le manque de concert et parfois une bonne volonté un peu naïve. Tandis que les uns étaient d'ores et déjà convaincus de l'innocence de Dreyfus, d'autres n'étaient émus que de l'illégalité commise par la communication, en 1894, d'une pièce secrète aux seuls juges.

Ceux-ci, républicains modérés, s'efforçaient de maintenir l'affaire sur le terrain de la justice et

---

et le *Siècle* (Yves Guyot et Joseph Reinach), auxquels s'ajoutèrent successivement le *Rappel*, l'*Aurore* (Clemenceau, de Pressensé, Urbain Gohier), le *Signal* (protestant), la *Fronde* (féministe), la *Petite République* (Jaurès), les *Droits de l'Homme* (Ajalbert, Depasse), le *Radical* (Ranc, Lacroix). Le *Figaro* fit d'ailleurs défection le 13 décembre, devant la désertion de ses abonnés. Parmi les journaux réactionnaires, seule l'*Autorité* (Cassagnac) fut plus ou moins favorable à la revision, tout en déblatérant contre les revisionnistes. Le *Temps* observa une neutralité bienveillante.

protestaient sincèrement de leur respect pour l'armée. Ceux-là, plus exaltés, subordonnant tout à l'intérêt politique, entrevoyaient déjà dans l'affaire une excellente machine de guerre contre les institutions militaires et sociales ; tombant dans le piège qui leur était tendu; ils allaient généraliser des fautes individuelles, englober l'Etat-major, le corps des officiers tout entier dans la réprobation qui ne devait atteindre que quelques-uns de ses membres. En faisant ainsi un bloc de l'armée, on l'encourageait, on l'autorisait presque à faire bloc contre la revision. Cette grosse faute allait permettre aux adversaires de passionner et de déplacer la question, et d'identifier si bien « l'honneur de l'armée » au rejet de la revision que, pour la masse du pays, « dreyfusard » et antipatriote devinrent termes synonymes.

C'est dans cette atmosphère, de jour en jour plus chargée d'excitations et de mensonges, que se déroula le « procès Esterhazy ». Au fond, ce procès ne fut d'un bout à l'autre qu'une manière de comédie judiciaire. Le ministère de la Guerre ne l'avait engagé que contraint et forcé ; il ne manqua pas une occasion de montrer de quel côté étaient ses sympathies. L'inculpé fut laissé en liberté jusqu'au dernier jour, nulle perquisition opérée chez lui; on ferma la bouche aux officiers de son ancien régiment qui avaient fait mine de l'ouvrir. On s'attacha à discréditer ou à frapper tous ceux de ses accusateurs qui ne se laissaient pas intimider. Le directeur de la prison du Cherche-Midi, Forzinetti, qui s'obstinait à proclamer l'innocence de Dreyfus et l'était allé dire à Rochefort l'année précédente, fut révoqué pour ce fait ancien (18 novembre). On ressuscita contre Mathieu et Léon Dreyfus une vieille et absurde accusation de tentative de corruption sur le colonel Sandherr (1). On représenta Picquart comme un intrigant ou un détraqué, l'âme — ou selon d'autres, l'instrument inconscient — du « Syndicat de trahison ». Enfin Henry et Du Paty ne cessèrent de communiquer indirectement avec Esterhazy, par l'intermédiaire de son cousin Christian ou de son avocat Tézenas, et de lui dicter ses réponses à l'officier-enquêteur.

Le général de Boisdeffre ne pouvait pas ignorer complètement ces manœuvres ; il eut pourtant l'habileté de s'en tenir officiellement à l'écart. Aussi, lorsqu'un journal belge eut raconté que le « syndicat » tenait en réserve une prétendue dépêche de Boisdeffre à Esterhazy — écrite à une époque où celui-ci aurait fait un pseudo-voyage à Londres,— le chef d'Etat-major fit-il éclater son indignation : il obtint du général Billot que l'on affichât dans les couloirs de la Chambre (4 décembre) une note de l'Agence Havas déclarant qu'il n'avait jamais ni vu ni connu Esterhazy, qu'il ne lui avait jamais fait ni fait faire la moindre communication.

Le général chargé de l'enquête sur Esterhazy, M. de Pellieux, était un officier brave, élégant, beau parleur, mais passionné et dénué de sens critique. Son enquête eut d'abord un caractère exclusivement militaire, puis, le 20 novembre, elle fut

(1) Cette accusation, portée par un certain Penot, plana sur leurs têtes jusqu'à la fin de l'année. Alors seulement (29 décembre), on se décida à ouvrir une instruction sérieuse, mais un vieux rapport de Sandherr lui-même, communiqué par Gonse, ne tarda pas à remettre les choses au point, c'est-à-dire au **néant.**

convertie en enquête judiciaire; mais plus elle avançait, plus il témoignait à Esterhazy une bienveillance incompréhensible et acceptait sans contrôle toutes ses inventions. Le général Billot aurait bien voulu faire avorter l'affaire dans l'œuf et se contenter d'un simple simulacre; mais Scheurer-Kestner insista tellement sur l'audition de Picquart qu'il fallut bien le faire revenir de Tunisie. La veille de son arrivée, sur une dénonciation d'Esterhazy, on opéra chez lui une perquisition aussi insolite qu'infructueuse, sous prétexte de contrebande d'allumettes. De Marseille à Paris, un officier l'escorta comme un suspect (25 novembre). Pellieux, prévenu contre lui par une série de faux, et qui connaissait déjà ses confidences à Leblois, le reçut sévèrement et le traita moins en témoin qu'en accusé. L'affaire allait tourner court lorsqu'une publication sensationnelle vint la relancer.

Une ancienne amie d'Esterhazy, Mme de Boulancy, exploitée par celui-ci et qui voulait se venger, porta à un avocat, et l'autorisa à verser à l'enquête, un paquet de lettres écrites par son amant douze ans auparavant; s'épanchant dans l'intimité, Esterhazy s'y livrait à des invectives furibondes contre ses chefs « poltrons et ignorants », contre « la belle armée de France », contre le peuple français tout entier. Une de ces lettres, bientôt célèbre sous le nom de « lettre du Uhlan », atteignait le paroxysme de la rage antipatriotique. On y lisait ces phrases : « Si ce soir on venait me dire que je serais tué demain comme capitaine de uhlans en sabrant des Français, je serais parfaitement heureux... Comme tout cela ferait triste figure dans un rouge soleil de bataille, dans Paris pris d'assaut et livré au pillage de cent mille soldats ivres. Voilà une fête que je rêve ! »

Ces lettres, publiées aussitôt par le *Figaro* (28 novembre), produisirent une vive émotion. Certes, elles étaient de vieille date et ne touchaient pas au fond de l'affaire, mais de quel jour cru elles éclairaient l'âme du condottiere raté, qu'on se plaisait à donner pour un soldat patriote, victime du complot des juifs ! Il y eut un moment de désarroi dans la presse antirevisionniste, mais elle se ressaisit bientôt. Ces divagations sanguinaires dont une seule ligne signée de Dreyfus aurait suffi à le faire lyncher, furent mises sous le nom de peccadilles de jeune homme et d'amoureux. Esterhazy s'empressa d'ailleurs de nier l'authenticité de la « lettre du uhlan », et prétendit que les autres étaient tout au moins « maquillées ». Le document fut soumis à une expertise qu'on prit soin de faire traîner.

Pellieux continua son enquête pendant quelques jours, refusant obstinément d'examiner l'écriture du bordereau, au sujet duquel, prétendait-il, il y avait « chose jugée ». Cette pièce ainsi écartée, il ne restait, selon lui, que des allégations sans portée : elles devaient l'être pour un officier que les assurances de l'Etat-major et bientôt aussi le faux Henry convainquaient pleinement de la culpabilité de Dreyfus. Aussi Pellieux termina-t-il son enquête par un rapport où il concluait : 1° au « refus d'informer » contre Esterhazy; 2° à la constatation d'une faute grave commise par le colonel Picquart en confiant à Leblois des secrets militaires. Dans l'état actuel de l'opinion, après la publication des lettres Boulancy, l'Etat-major sentit que cette conclusion ne satisferait personne. On fit écrire par

Esterhazy une lettre éloquente — revue et corrigée de la main de Pellieux — où il demandait lui-même à passer en conseil de guerre. Le général Saussier fit droit à cette demande et ordonna d'ouvrir une instruction régulière (4 décembre). (1).

A cette date l'affaire avait déjà glissé dans la politique; à deux reprises le Parlement fut appelé à s'en occuper. Le ministère, dans son ensemble, était hostile à la revision, quelques-uns par conviction, d'autres par peur, tous par ignorance; mais il s'efforçait de sauver les apparences de la justice, et Billot en particulier résistait aux impatiences de son entourage et aux criailleries de la presse d'Etat-major, qui aurait voulu le remplacer par Boisdeffre. L'opposition de droite et de gauche chercha à tirer parti de cette situation, pour humilier le ministère ou le renverser.

Le 4 décembre, à la Chambre des députés, Castelin, Sembat, député socialiste de Paris, et M. de Mun, le grand orateur catholique, le mirent sur la sellette. M. de Mun prononça un discours enflammé, sommant le ministère de mieux défendre l'honneur de l'armée et en particulier celui de Boisdeffre (dont la note indignée venait d'être affichée dans les couloirs). Méline chercha à se justifier et déclara qu'à l'heure actuelle « il n'y avait pas d'affaire Dreyfus ». Billot proclama, sur son âme et conscience, la culpabilité de Dreyfus, « condamné

(1) L'ordre d'informer portait qu'Esterhazy était accusé d'avoir « en 1894 » pratiqué des machinations criminelles. Les deux mots entre guillemets furent grattés par une main inconnue : par là, si Esterhazy était acquitté, il l'était définitivement pour tous ses actes de trahison, quelle qu'en fût la date!

justement et régulièrement, sur le témoignage de 17 officiers ». C'était là — il avait beau protester du contraire — peser de tout le poids de sa haute fonction sur le verdict des futurs juges d'Esterhazy.

On lui sut gré de cet effort ; la Chambre épargna le ministère, mais se donna le plaisir de flétrir dans son ordre du jour « les meneurs de la campagne odieuse qui avait troublé la conscience publique ». La grande majorité des radicaux étaient encore à cette heure aussi ardents que les réactionnaires à stigmatiser une agitation inopportune qui menaçait de fausser le sens des prochaines élections.

Millerand s'était fait leur porte-parole ; il profita de l'occasion pour outrager Joseph Reinach, qui représentait presque seul à la Chambre le parti avoué de la revision, en lui rappelant la triste fin de son beau-père, mêlé à l'affaire du Panama. Un échange de balles sans résultat fut la conclusion de ce pénible débat.

Quelques jours après (7 décembre), la même scène se joua, quoique avec plus de calme, au Sénat. Cette fois, c'était Scheurer-Kestner lui-même qui interpellait. On s'attendait à des révélations sensationnelles ; paralysé par le veto de Picquart, il n'en apporta aucune, pas même les lettres de Gonse, mais se contenta de justifier sa propre conduite et de réclamer l'expertise du bordereau. Cet homme de grand cœur n'était pas orateur ; le Sénat lui fit un accueil glacial ; seul le Girondin Trarieux vint à sa rescousse, ne plaidant d'ailleurs que « la sincérité ». Billot renouvela ses déclarations de la Chambre, mais promit que tous les documents, y compris le bordereau, seraient versés à l'instruction. Scheurer-Kestner espéra que cette concession lui donnerait gain de cause.

Il était loin de compte. En effet, le commandant Ravary, chargé de la nouvelle instruction, la conduisit dans le même esprit que le général de Pellieux, et pour les mêmes raisons : il avait été « stylé à la boîte », comme l'écrivait Henry à Esterhazy.

Il est temps de faire connaître le système de défense d'Esterhazy, mélange d'aveux effrontés et d'inventions saugrenues qu'il colportait depuis deux mois dans tous les bureaux de rédaction. Il avouait ses relations avec Schwarzkoppen, mais leur attribuait un caractère purement mondain. Le *petit bleu* était un faux grotesque, invraisemblable, probablement l'œuvre de Picquart lui-même. Il ne contestait pas la ressemblance « effrayante » de son écriture avec celle du bordereau, mais l'expliquait ainsi. En 1894, il avait reçu une lettre d'un certain capitaine *Bro*, lui demandant des renseignements sur le combat d'Eupatoria, en Crimée, où s'était signalé son père. Esterhazy, confiant, les lui avait envoyés à l'adresse indiquée, « rue de Châteaudun ou rue La Fayette », il ne se rappelait pas exactement. Récemment, pris de soupçons, il avait écrit, puis télégraphié à *Bro* — un capitaine *Brault* habitait Toulouse — pour lui demander ce qu'était devenu ce document. Le capitaine répondit qu'il entendait, pour la première fois, parler de cette affaire. Esterhazy en concluait que la lettre de 1894 (qu'il ne produisait pas) était un faux de Dreyfus, cherchant — Dieu sait pourquoi — à se procurer de son écriture, qu'il avait ensuite décalquée dans le bordereau. La preuve en était que le beau-père de Dreyfus demeurait rue de Châteaudun, dans la même maison qu'un nommé Brault — lequel n'avait d'ailleurs rien de commun avec le capitaine ! (En réalité, quelqu'un avait raconté à Esterhazy qu'en 1894, Dreyfus, mis en présence des fragments du bordereau, avait cru un instant y reconnaître l'écriture du capitaine Brault : de là l'idée de cette fable).

Quant aux documents énumérés dans le bordereau, Esterhazy niait qu'il eût pu les connaître, du moins à l'époque qu'on était convenu d'assigner à cette pièce, avril 1894. Au début, il reconnaissait avoir emprunté le manuel de tir au lieutenant Bernheim, du Mans, qu'il avait rencontré à Rouen, mais c'était, prétendait-il, au mois de septembre 1894. Plus tard, il se rétracta et dit qu'il s'agissait, non du manuel confidentiel, mais d'un règlement sur le service des bouches à feu, mis dans le commerce (1). Ce tissu d'impostures était couronné par le roman de la dame voilée, qu'Esterhazy identifiait à mots couverts tantôt avec Mme Du Paty, tantôt avec une amie de Picquart et dont il pro-

---

(1) De la déposition un peu hésitante de Bernheim (*Rennes*, III, 141) il résulte : 1° que la conversation en question eut lieu en août et non en septembre ; 2° qu'Esterhazy exprima le désir d'avoir le Manuel et que Bernheim refusa parce qu'il s'en considérait comme « personnellement responsable » (l'écho de cette conversation, dont il serait intéressant et possible de fixer la date exacte, paraît se retrouver dans le bordereau) ; 3° que Bernheim prêta à Esterhazy une « réglette de correspondance » et ne put jamais la recouvrer.

duisit des lettres de rendez-vous fabriquées par son cousin Christian (1).

Ravary prit ou affecta de prendre au sérieux toute cette histoire. Ni les témoignages, ni les pièces qu'on lui apporta en sens contraire ne purent l'ébranler; il refusa même à Picquart les enquêtes et les confrontations qu'il demandait. Enfin, il se trouva trois experts : Coüard, Belhomme et Varinard — désignés, il est vrai, à leur corps défendant, — pour déclarer en leur âme et conscience que le bordereau n'était pas de la main d'Esterhazy, mais imité de son écriture et en partie calqué : s'il l'avait écrit, il aurait déguisé son graphisme habituel! (26 décembre). Les experts refusèrent d'ailleurs, malgré l'insistance de Tézenas, de procéder à une expertise comparée des écritures de Dreyfus et d'Esterhazy : comme le général Gonse, ils tenaient à ne pas mêler les deux affaires.

Fort de l'avis des experts, Ravary rédigea ou signa un long rapport où, après avoir résumé fort exactement les charges articulées contre Esterhazy, il concluait que la vie privée du commandant n'était certes pas un modèle à proposer à nos jeunes officiers, mais que rien ne prouvait qu'il fût capable de trahison. Le bordereau n'était pas de

(1) Pendant longtemps, les journaux et les gens du monde s'étaient amusés à chercher qui pouvait se cacher sous ce voile. On s'arrêta à l'hypothèse d'une femme mariée, Mme M..., cousine et amie de Picquart; Pellieux dénonça, le 6 mai, à son mari, une démarche qu'elle avait faite auprès de lui. Cette dame avait pour confesseur le Père Du Lac : on crut voir la main du Jésuite dans cette affaire.

sa main, le *petit bleu* manquait d'authenticité. Puis, se retournant contre Picquart, il flétrissait en lui l'instigateur de cette triste campagne, « qui aura un écho douloureux dans tous les cœurs vraiment français ». Il accueillait toutes les accusations portées contre celui-ci par ses camarades de bureau : Picquart avait gardé le *petit bleu* un mois avant de le montrer à Lauth ; il avait voulu le faire timbrer à la poste ; on l'avait surpris « compulsant le dossier secret » avec son ami Leblois. Ces agissements hypocrites, ces indiscrétions, d'où paraissait être résultée la divulgation du « document libérateur », appelaient une sanction pour laquelle Ravary s'en remettait aux soins de l'autorité supérieure.

Comme Pellieux, Ravary concluait au non-lieu, mais cette fois encore (1er janvier 1898) il fut convenu que le général Saussier se montrerait plus curieux ; il renvoya l'affaire, pour être complètement tirée au clair, devant le Conseil de guerre de la Seine, présidé par le général de Luxer. Le procès eut lieu au Cherche-Midi, les 10 et 11 janvier ; Esterhazy s'était constitué prisonnier la veille. La famille Dreyfus, prétendant avoir le droit de se porter partie civile, se fit représenter par deux avocats, Demange et Fernand Labori, mais le Conseil les écarta des débats.

La première partie de l'audience se passa en public : la lecture de l'acte d'accusation, l'interrogatoire très superficiel d'Esterhazy, qui se coupa plusieurs fois (1), la déposition des témoins ci-

(1) Notamment quand il déclara avoir attribué à Mathieu Dreyfus les « cambriolages » exécutés chez lui — en 1896 !

vils, Mathieu Dreyfus, Scheurer-Kestner, Maurice Weil, etc. (1). Mais quand arriva le tour de Leblois, des témoins militaires et des experts, le huis clos fut prononcé « dans l'intérêt de la défense nationale ». On craignait de donner trop de retentissement à la déposition du colonel Picquart et de souligner la contradiction existant au fond entre le rapport des experts de 1897 et celui de 1894, contradiction qui aurait pu fournir une base juridique à une demande en revision : Esterhazy avait vivement insisté sur ce point. Le public ne sut donc rien des fermes déclarations de Picquart, qui ne craignit pas de mettre en cause les « grands chefs »; on ne sut pas non plus qu'il avait été si durement traité, qu'un juge s'écria : « Je vois que le véritable accusé ici, c'est le colonel Picquart »; on ne sut pas enfin que le général de Pellieux, assis derrière les juges, était, à plusieurs reprises, intervenu dans les débats.

Il n'était pas besoin de la longue plaidoirie de Tézenas pour achever la conviction du tribunal. Après trois minutes de délibération, Esterhazy fut acquitté à l'unanimité et acclamé par les patriotes en délire. On répandit même le bruit mensonger que les juges l'avaient félicité et embrassé.

---

(1) Les deux attachés militaires compromis ne donnèrent pas signe de vie. On lira un jour dans les *Mémoires* inédits de Mathieu Dreyfus, comment Casella, confident de Panizzardi, qui était allé relancer Schwarzkoppen à Berlin, chercha en vain à faire intercepter par Mathieu une lettre de l'attaché allemand à son collègue qui donnait la clef du mystère. La probité scrupuleuse de Mathieu le priva, dans cette occasion, d'une arme puissante.

Ce qui est vrai, c'est que Pellieux lui écrivit, en lui donnant du « cher commandant », pour flétrir l'abominable campagne dont il avait été victime et l'autoriser à poursuivre ceux qui l'accusaient d'avoir écrit la « lettre du uhlan »; les experts auxquels on l'avait soumise avaient exprimé un doute sur son authenticité (1). Quant à Picquart, il fut, pour commencer, frappé de 60 jours d'arrêt de forteresse, et interné au Mont-Valérien ; on laissait entendre qu'il serait traduit devant un Conseil d'enquête. Il le fut en effet le 30 janvier.

(1) C'est bien probablement à cette lettre de Pellieux, et non à une prétendue lettre de Boisdeffre, que répondait le brouillon d'Esterhazy, saisi plus tard par Bertulus (*Cassation*, I, 224). L'affirmation contraire d'Esterhazy cache une tentative de chantage.

X

L'acquittement d'Esterhazy fermait provisoirement la porte à la procédure de revision. Ce dénouement semblait aussi condamner la méthode suivie jusque-là par les revisionnistes, dont le chef expia son honnêteté et son insuccès en n'étant pas réélu vice-président du Sénat (13 janvier). Cependant le parti ne se tint pas pour définitivement battu, mais la direction de la campagne passa momentanément des modérés aux violents; les moyens strictement légaux firent place aux moyens révolutionnaires.

Depuis deux mois les rangs des revisionnistes s'étaient grossis d'un nombre toujours croissant d'hommes de lettres, de professeurs, d'étudiants ardents et convaincus, qui commençaient à se compter dans des pétitions en faveur de la revision. Ce fut un de ces « intellectuels », Emile Zola, qui donna le signal de la reprise des hostilités.

Sous l'apparence d'un romancier réaliste, Zola cachait une âme d'idéaliste et de romantique. Son œuvre immense ressemble à une cathédrale qui serait bâtie avec des moellons de boue. Affamé de justice, capable d'enthousiasme et d'abnégation pour une noble cause, celle de Dreyfus avait conquis son imagination d'abord, puis sa pitié, enfin sa raison. Dès la fin de novembre, il avait donné au *Figaro* des articles remarqués, où il s'élevait contre l'injustice de la foule, la brutalité de l'antisémitisme, la « presse immonde », et célébrait « la vie de cristal » de Scheurer-Kestner. Le *Figaro* lui ayant été fermé, il recourut d'abord à des brochures séparées, conjurant la jeunesse des Ecoles d'ouvrir les yeux : « la vérité est en marche, écrivait-il, rien ne le l'arrêtera plus ». Un nouveau journal fondé par Vaughan avec la collaboration de Clemenceau, l'*Aurore*, lui ouvrit ses colonnes. C'est là qu'il lança le 13 janvier — deux jours après l'acquittement d'Esterhazy — sous le titre *J'accuse*, et sous forme d'une lettre ouverte au Président de la République, un véhément réquisitoire contre les ennemis « de la vérité et de la justice ».

Il y reconstituait avec l'imagination divinatrice d'un romancier tous les détails d'une histoire dont on ne faisait guère encore qu'entrevoir les contours. Il mettait en relief, non sans l'exagérer, le rôle « diabolique » du colonel Du Paty. Aux généraux il reprochait un « crime de lèse-humanité », à Pellieux et à Ravary une « enquête scélérate », aux experts des « rapports mensongers et frauduleux ». L'acquittement d'Esterhazy était un « soufflet suprême à toute vérité, à toute justice »; le tribunal qui l'avait prononcé était « forcément criminel ». Et il terminait ainsi la longue litanie de ses accusations : « J'accuse le premier Conseil de guerre d'avoir violé le droit en condamnant un accusé sur une pièce restée secrète, et j'accuse le deuxième Conseil de guerre d'avoir couvert cette illégalité par ordre, en commettant à son tour le crime juridique d'acquitter sciemment (1) un coupable ».

Le coup de clairon retentissant de Zola effraya beaucoup d'amis de la revision, mais eut un prodigieux écho. C'était, il l'avouait, un acte révolutionnaire destiné à provoquer des poursuites qui hâteraient « l'explosion de la vérité et de la justice ». Le gouvernement allait-il se prêter à ce calcul ? Il ne le voulut pas tout d'abord ; mais, devant la vague d'indignation qui souleva la presse, l'armée, le parlement, devant la mise en demeure formulée par M. de Mun, le ministère dut, la mort dans l'âme, se résigner à engager des poursuites. Le ministre de la Guerre ne releva pas les injures aux généraux, sous prétexte qu'elles ne les atteignaient pas, ou, suivant la formule bizarre de Billot — dans un discours prononcé aux obsèques du général de Jessé — que « l'armée est comme le soleil dont les taches rendent plus éclatante la lumineuse splendeur », mais il porta plainte pour les phrases jugées diffamatoires contre le Conseil de guerre qui avait acquitté Esterhazy.

Avant le drame on eut la petite pièce, le procès de Joseph Reinach contre Henri Rochefort. En voici, en deux mots, l'origine. Un agent occasionnel d'Henry, l'escroc Moïse Leeman, plus connu sous le nom de Lemercier Picard — le même qui se vanta un jour à Schwarzkoppen d'avoir

(1) Ce mot était de trop. Le Conseil avait seulement été mystifié, avec le vague sentiment de l'être et trop peu de courage pour réclamer un supplément de lumière.

fabriqué le faux Henry — colportait vers la fin de novembre dans les bureaux de rédaction « dreyfusards » une lettre chiffrée qu'il assurait émaner d'un diplomate allemand « Otto »; elle attestait la présence mystérieuse d'Esterhazy à Bruxelles en décembre 1893, en compagnie du commandant Mercier-Milon, ami particulier de Picquart. Leeman offrait de vendre ce document, dont la publication aurait couvert les dreyfusistes de ridicule, car Esterhazy pouvait prouver qu'à cette date il était malade et dans son lit à Rouen. Mais les revisionnistes ne donnèrent pas dans le panneau. Joseph Reinach, auquel Leeman avait fini par envoyer la pièce, la reconnut pour fausse et refusa de la rendre.

Là-dessus le drôle en vendit une copie à Rochefort, et l'*Intransigeant* la publia en accusant Reinach de l'avoir fabriquée. Reinach traduisit en police correctionnelle Rochefort et le fit condamner pour diffamation à cinq jours de prison (9 février), qui furent d'ailleurs pour le vieux pamphlétaire l'occasion d'une ovation populaire. Quant à Leeman, il resta introuvable. Un mois plus tard (3 mars), tombé dans une misère noire, lâché par ses employeurs, à bout d'escroqueries et de chantages, après avoir vainement sollicité d'être reçu par Zola, la journaliste Séverine et J. Reinach, il se donnait la mort dans des conditions mal éclaircies : on le trouva pendu à l'espagnolette de sa fenêtre dans un hôtel garni.

Le procès Zola se déroula devant le jury de la Seine du 7 au 23 février 1898. Pendant toute sa durée, une agitation fébrile régna dans Paris, revenu au temps de la Ligue. Les patriotes de café-concert, les antisémites et les assommeurs professionnels, qui tenaient le haut du pavé sous la direction de Guérin et sous l'œil bienveillant de la police, couvraient de huées et de menaces tous les ennemis vrais ou prétendus de « l'armée », acclamaient les généraux et jusqu'aux moindres officiers en tenue. Le commandant Esterhazy eut sa part de ces ovations : tenu d'abord à l'écart par ses camarades, il avait exigé et obtenu que par ordre ils vinssent lui serrer la main; un jour le prince Henri d'Orléans en fit autant. Des bagarres incessantes avaient lieu entre les anti-revisionnistes et la poignée de dreyfusards qui servaient de gardes du corps à Zola. Dans la salle d'audience, « faite » avec soin par l'Etat-major et ses amis du barreau (1), les officiers en bourgeois pullulaient et se livraient à des manifestations tapageuses. Dans les couloirs du Palais, on se battait. Dehors, les « cannibales » — suivant le mot de Zola — poussaient les cris de « Vive l'Armée », « Mort aux Juifs », etc. Une vague odeur de coup d'Etat et de Saint-Barthélemy flottait dans l'air. La revision, assuraient les antisémites, déchaînerait la guerre, c'est-à-dire la défaite; elle débuterait par un massacre des juifs.

(1) « Cher monsieur, écrivait Du Paty à l'avocat Jules Auffray, demain dimanche il me sera bien difficile de me procurer des officiers pour soutenir l'avocat général et le jury. Mais lundi et mardi, vous pouvez compter sur mes hommes ». Cette lettre, mal adressée, fut remise par un homonyme d'Auffray à Me Barboux et publiée; il en résulta un *tolle*, non pas contre Jules Auffray, mais contre Barboux, qui donna sa démission du Conseil de l'ordre et fut, d'ailleurs, pleinement justifié par ses confrères.

L'annoncer, c'était y exciter. Quiconque a vécu ces jours néfastes s'en souvient avec dégoût et horreur.

Zola et le journal poursuivi avaient choisi pour avocats Fernand Labori, procédurier infatigable, orateur fougueux, à l'ample geste, à la voix sonore, et Albert Clemenceau, frère de l'homme politique, comme lui *debater* sagace, âpre, précis et mordant. Ils avaient assigné une longue liste de témoins (près de 200) de toute espèce, de toute nationalité et de toute opinion. Les témoins militaires prétendirent d'abord ne pas répondre à l'assignation, mais la Cour n'admit pas cette thèse, qui contrastait avec la franche déclaration de Casimir-Perier : « Je suis un simple citoyen, dit l'ancien Président appelé à la barre, et aux ordres de la justice de mon pays ». Il fallut se soumettre; seul, le ministre de la Guerre, usant de son droit, se fit refuser par le Cabinet l'autorisation de déposer.

Cette satisfaction donnée à la justice, la Cour s'efforça de ne pas laisser s'égarer — c'est-à-dire s'élargir — le débat. Elle décida d'entrée de jeu, par un arrêt spécial, que celui-ci serait strictement limité au seul grief relevé par Billot, l'insulte au deuxième conseil de guerre. Aucune pièce, aucun témoignage ne serait admis qui porterait sur des faits étrangers à cette accusation précise, et notamment qui serait de nature à porter atteinte à l'autorité de la chose jugée.

Le principe semblait formel, mais dans l'application, toujours délicate, le président Delegorgue eut recours à une distinction subtile : il laissait passer tout ce qui tendait à prouver la culpabilité d'Esterhazy, mais non pas l'innocence de Dreyfus, ou même l'illégalité de sa condamnation. Sa formule favorite : « la question ne sera pas posée » devint vite légendaire. Il était difficile, sinon impossible, de tracer la ligne de démarcation; constamment elle fut franchie, tantôt sous prétexte d'établir la bonne foi de l'accusé, tantôt pour justifier la phrase même qu'incriminait le ministre de la Guerre: « le deuxième conseil a couvert par ordre l'*illégalité* commise par le premier », — tantôt tout simplement parce que le témoin était un personnage de marque, général ou ancien ministre, ou qui pouvait le devenir. C'est ainsi que Mercier, Thévenet, Trarieux, Grimaux, Jaurès eurent toute liberté pour dire leur avis sur Dreyfus et prononcer même de véritables plaidoiries.

Le procès Zola devint ainsi par la force des choses une sorte de réédition du procès Dreyfus et du procès Esterhazy. Et l'on comprend que la plus importante déposition fut celle du colonel Picquart. Il n'arrivait pas intact à l'audience. Le 30 janvier, on l'avait déféré à un conseil d'enquête, présidé par le général Dumont, en raison de ses prétendues communications indiscrètes à Leblois. Il s'était habilement défendu, et le général de Galliffet était intervenu bravement en sa faveur; néanmoins quatre voix contre une proposèrent au ministre sa mise en réforme « pour faute grave contre la discipline. » Billot, libre d'accepter ou de repousser l'avis du Conseil, tint sa décision en suspens jusqu'à l'issue du procès, officiellement pour ne pas avoir l'air de flétrir d'avance un témoin important, en réalité pour peser par l'espoir et la menace sur l'attitude de Picquart, amoureux de sa carrière, et se flattant encore de ne pas la quitter.

Toutefois Picquart ne se laissa ni intimider, ni amadouer. Il poussa jusqu'aux dernières limites la discrétion militaire et la courtoisie envers ses chefs ; mais il conta sincèrement, clairement, l'histoire de sa découverte et de sa disgrâce. Dédaigneux de toute rhétorique, il éleva la simplicité à la hauteur de l'éloquence la plus persuasive. C'était la première fois qu'il paraissait en public. Sa tenue à la fois aisée et hautaine, son calme, sa distinction conquirent l'auditoire et firent une impression profonde. Aussi ses contradicteurs, Gonse, Henry, Lauth, Gribelin, ne négligèrent-ils rien pour infirmer la valeur de son témoignage et établir que, dès l'origine, il avait été hanté par l'idée fixe de « substituer » Esterhazy à Dreyfus.

On discuta longuement sur le prétendu projet de faire timbrer le *petit bleu* — dont Lauth attribuait maintenant la fabrication à Picquart ! — on insista sur les visites suspectes que Leblois lui avait rendues au ministère. L'archiviste Gribelin — que le président prit pour un lampiste — prétendit les avoir vus, à la lumière d'une lampe, attablés devant deux dossiers secrets, l'un concernant les pigeons voyageurs, l'autre l'affaire Dreyfus. Henry, promu récemment lieutenant-colonel pour traiter d'égal à égal avec Picquart, précisa. Il avait vu, Leblois présent, la photographie de la pièce « canaille de D » sortie de l'enveloppe qu'il avait jadis revêtue de son propre paraphe. Picquart contredit ce témoignage, que démentaient les dates (Leblois était alors en voyage et le prouvait) et l'aspect brouillé de la photographie, impossible à reconnaître à distance. Henry, très maître de lui, répliqua : « Le colonel Picquart en a menti. » Picquart leva la main, mais se contint; il se borna à expliquer au jury le sens de cette scène préméditée : c'étaient les exécuteurs testamentaires du colonel Sandherr, défendant contre vents et marée le jugement de 1894, « l'honneur du bureau ».

Ainsi commençait à se dessiner le rôle important d'Henry, qui jusqu'alors s'était tenu dans l'ombre. Le jour même de son altercation avec Picquart (12 février), harcelé par les avocats de Zola qui l'embarrassaient dans ses contradictions, il chercha une diversion. Poussant comme un cri de guerre la phrase : « On veut de la lumière, allons-y! » il raconta la formation du dossier secret de 1894, en termes habilement choisis pour faire croire à l'avocat général que, le dossier ayant été scellé avant le procès, il était matériellement impossible qu'une pièce en eût été communiquée aux juges de Dreyfus. A cette occasion, il parla aussi, avec une obscurité calculée, d'un certain dossier « ultra-secret », dont le colonel Sandherr lui avait montré une lettre plus importante que tout le reste. C'était la première allusion officielle au bordereau annoté ou à ces fausses lettres de l'empereur Guillaume (1), dont on parlait sous le manteau de la cheminée pour entraîner les convictions récalcitrantes. Quelques jours après, le 15 février,

(1) Dans une lettre à Esterhazy, vers cette époque, Henry les désignait sous le nom familier d' « épîtres du *Q* couronné ».

le député Millevoye récitait le texte de l'une d'elles dans une réunion publique tenue à Suresnes.

Nous passerons rapidement sur les autres témoignages, qui passionnèrent souvent la curiosité publique, mais apportèrent peu ou point de révélations. Boisdeffre se tint dans les généralités. Mercier jura que Dreyfus était coupable, mais se déroba sur la question de la communication secrète. L'avocat Salles, qui la tenait d'un des juges de Dreyfus, se laissa également fermer la bouche; mais Demange, à qui il l'avait confiée à son tour, en décocha l'aveu dans un « Parbleu! » rapide que le président Delegorgue ne parvint point à étouffer. Du Paty fit l'effet d'un fantoche; Ravary, d'une ganache; il eut un mot malheureux sur la justice militaire « qui ne procède pas comme la justice civile ». L'interrogatoire d'Esterhazy fut stérile, mais poignant; torturé par le questionnaire d'Albert Clemenceau, qui lui fit repasser une à une toutes ses infamies sous les yeux, il se renferma dans le silence d'Agnelet. Les experts, volontiers bavards, occupèrent longuement la scène; Bertillon, Teyssonnières s'y couvrirent l'un de ridicule, l'autre de honte. D'éminents érudits, Paul Meyer, A. Giry, Louis Havet, Auguste Molinier, cherchèrent à prouver que l'écriture et le style du bordereau étaient ceux d'Esterhazy. Leurs adversaires, au Palais et dans la presse, leur opposèrent une fin de non-recevoir tirée de la différence entre l'original et les fac-similés publiés, dont beaucoup, assurait Pellieux, ressemblaient à des faux. Les défenseurs demandèrent alors que le bordereau fût versé aux débats; la Cour s'y refusa.

Le général de Pellieux s'était constitué en quelque sorte l'avocat de l'Etat-major. Bien tourné, disert, hardi, incisif et brillant, il finit par prendre la parole presque à chaque audience, tantôt se félicitant d'avoir contribué à l'acquittement d'Esterhazy, tantôt apostrophant les jurés pour les avertir qu'en ruinant la confiance du pays dans les généraux, on conduirait « leurs fils à la boucherie ». Le 17 février, il avait soutenu une discussion prolongée avec Picquart sur le point de savoir si Esterhazy avait pu connaître les documents du bordereau, dont on s'était tout à coup décidé à donner la vraie date, août et non avril 1894: débat futile, puisque personne ne savait en quoi consistaient ces documents. Picquart avait visiblement le dessus dans cette discussion technique, où éclataient l'ignorance professionnelle et l'information défectueuse du général (1).

A la reprise de l'audience, le général énervé, redemanda la parole. Alors, prenant à son compte le « Allons-y » du colonel Henry, il déclara que, bordereau à part, il y avait une preuve postérieure mais décisive de la culpabilité de Dreyfus, et cette preuve, lui Pellieux, l'avait eue sous les yeux. C'était une pièce arrivée au moment de l'interpellation Castelin, où un attaché étranger écrivait à son collègue : « Il va se produire une interpellation sur Dreyfus. Ne dites jamais les relations que nous avons eues avec ce juif. » Cette pièce était

(1) Par exemple, lorsqu'il affirmait que les stagiaires avaient tous été aux manœuvres à la fin d'août 1894 (*Procès Zola*, II, 107).

appuyée (?) d'une carte de visite qui en établissait l'authenticité

C'était la première fois que le document forgé par Henry, le « coup de massue » tenu en réserve par Billot, était produit en public. Il y eut dans la salle comme une commotion électrique : on sentit que quelque chose de grave venait de se passer. Gonse, faisant bon visage, confirma le dire de Pellieux, tout en recommandant la prudence sur un terrain aussi délicat. Labori, qui n'avait pas tout de suite flairé le faux, et Albert Clemenceau protestèrent contre cette citation tronquée; ils demandèrent que la pièce fût produite à l'audience ou qu'on renonçât à s'en servir. Alors Pellieux, grisé par le succès et se croyant chez lui : « Commandant Ducassé, cria-t-il à son officier d'ordonnance, prenez une voiture, allez chercher tout de suite le général de Boisdeffre! » En attendant le chef d'Etat-major, l'audience fut suspendue; l'entr'acte dura une heure dans la plus vive agitation; le prétoire ressemblait à une réunion publique où s'échangeaient les colloques, où se croisaient les regards chargés de défis. Au moment même où Boisdeffre arrivait au Palais, Delegorgue, averti par téléphone, remettait l'audience au lendemain.

L'incartade de Pellieux mettait, en effet, le gouvernement dans une situation délicate. Non seulement, dès le jour de la dénonciation de Mathieu, Schwarzkoppen, reçu en audience de congé, avait donné sa parole à Félix Faure qu'il n'avait jamais connu Dreyfus, non seulement Münster avait confirmé cette déclaration, mais quelques jours plus tard l'ambassadeur d'Italie, Tornielli, était venu dire à Hanotaux, au nom de Panizzardi, que toute pièce où Dreyfus serait nommé en relation avec celui-ci constituerait nécessairement un faux : Panizzardi était prêt à en déposer sous serment. Hanotaux avait dû alors donner sa parole qu'il ne serait fait usage d'aucune pièce de ce genre. Puis, le 24 janvier, le ministre des Affaires étrangères Bülow, parlant devant une commission du Reichstag, affirmait que le gouvernement allemand n'avait jamais entretenu de relations, ni directes, ni indirectes avec Dreyfus, et qu'il avait entendu récemment prononcer pour la première fois les noms de Picquart et d'Esterhazy. On ne pouvait en dire davantage sans livrer son propre espion et sans exposer la parole souveraine à un démenti d'où aurait pu naître un *casus belli*. Le 1er février, le sous-secrétaire d'Etat italien Bonin fit une déclaration analogue à la Chambre des Députés de Rome.

Comment concilier ces déclarations spontanées, si nettes, si réitérées, comment concilier surtout l'engagement pris par Hanotaux, avec le texte du billet révélé par Pellieux, qui mettait directement en cause les ambassades étrangères ? Aussi l'alerte fut-elle vive au ministère, et Boisdeffre fut invité à se taire sur ce sujet scabreux. Il ne se conforma qu'à moitié à cette invitation. Lorsqu'à l'audience du lendemain le général parut à la barre, il confirma en bloc la déposition de Pellieux « comme exactitude et comme authenticité », puis s'interdit d'en dire davantage. Il ajouta cependant quelques paroles vibrantes, posant la question de confiance devant les jurés, menaçant de démissionner si leur verdict condamnait les généraux. Le président se hâta de déclarer l'incident clos.

Pourtant, quelques instants après, Picquart put déclarer — comme l'avaient fait le matin dix journaux revisionnistes — que la pièce Pellieux, qu'on ne lui avait jamais montrée, ne pouvait être qu'un faux. Pellieux répliqua qu'il trouvait étrange l'attitude d'un « monsieur qui portait *encore* l'uniforme de l'armée française, et qui venait à la barre accuser trois officiers généraux d'avoir *fait un faux* et de s'en être servi ». Et ce fut tout. Mais on sut plus tard que Tornielli, indigné de la violation de la promesse d'Hanotaux, avait offert sa démission et ne l'avait retirée que sur les instances formelles de son ministre Visconti-Venosta.

A dater de ce jour les témoins militaires, visiblement stylés, s'abstinrent de toute controverse, s'enfermèrent jalousement dans la question Zola. On avait hâte d'en finir. On entendit encore le réquisitoire terne et mal écrit de l'avocat-général Van Cassel, la réplique de Zola, qui jura que Dreyfus était innocent, l'éloquente plaidoirie de Labori qui remplit près de trois audiences. Une courte et vibrante allocution de Georges Clemenceau, qui avait obtenu de plaider pour le gérant de l'*Aurore*. termina les débats. Le jury, délibérant sous une véritable terreur, déclara les accusés coupables; il se partagea également sur les circonstances atténuantes: elles ne furent donc pas accordées. Zola eut le maximum de la peine, un an de prison; le gérant quatre mois seulement; chacun d'eux, 3.000 francs d'amende (23 février).

Les condamnés formèrent un pouvoi en cassation. Contrairement à l'attente générale, la Chambre criminelle l'admit, pour ce motif développé par l'avocat Mornard : la plainte aurait dû émaner non du ministre, mais du conseil de guerre diffamé. En conséquence l'arrêt fut cassé sur le rapport du conseiller Chambaraud (2 avril). Le procureur général Manau, vieux républicain de 48, ne fit aucun mystère, dans ses conclusions, de ses sympathies pour la revision et de son respect pour les intellectuels, « les hommes intelligents qui sont l'honneur du pays »; il engageait même assez nettement Esterhazy à faire l'aveu de son crime, désormais assuré de l'impunité.

Manau avait laissé entendre que mieux valait ne pas reprendre les poursuites. Mais la haute armée ne pensait pas ainsi, et au Parlement on invita le ministère à convoquer d'urgence le conseil de guerre diffamé. Il le fit avec le secret espoir que le conseil abandonnerait l'affaire, mais les officiers, à la majorité, décidèrent de porter plainte et même de se constituer partie civile (8 avril). Seulement cette fois ils ne retenaient comme chef d'accusation que trois lignes de l'article, où ne figurait pas la dangereuse mention de l'illégalité du premier jugement.

L'affaire fut déférée à la Cour d'assises de Seine-et-Oise, que présidait le premier président Périvier. Zola déclina la compétence de cette juridiction provinciale et, sur le rejet de la Cour, se pourvut en Cassation : le pourvoi était suspensif (23 mai). La Cour de Cassation n'admit pas le pourvoi (16 juin), mais de délai en délai la cause ne fut appelée que le 18 juillet, sous un nouveau ministère. Cette fois encore on chercha à gagner du temps: Zola demanda à être autorisé à faire la preuve des « faits connexes » et voulut aller de nouveau en Cassation. Mais la Cour d'assises passa outre : « on ne fuit pas ainsi dans le maquis de la procédure », s'écria le procureur général Bertrand. Alors Zola déclara faire défaut et se réfugia en Angleterre, sur le conseil de Labori et de G. Clemenceau : il évitait ainsi la signification de l'arrêt. La Cour de Versailles, statuant sans jury, ne put que répéter purement et simplement l'arrêt de la Cour de la Seine; mais la porte restait ouverte à une reprise éventuelle du procès, le jour que Zola jugerait opportun.

Là ne s'arrêtèrent pas d'ailleurs les sanctions pénales. Zola fut suspendu des contrôles de la Légion d'honneur (25 juillet). Les experts du procès Esterhazy, qui l'avaient traduit en police correctionnelle, le firent condamner à 30.000 fr. de dommages-intérêts (ils en avaient demandé 300.000). Enfin, pour achever de salir celui qu'on frappait si durement, Henry exhuma des Archives de la guerre un vieux dossier de 1832, d'où résultait que le père de Zola, accusé d'une malversation en Algérie, avait été à cette époque obligé de quitter l'armée. Il se trouva un journaliste, un normalien, Judet, pour imprimer dans le *Petit Journal* la lettre du colonel Combe, frauduleusement communiquée et tronquée sans scrupule, racontant cette histoire vieille de soixante-six ans, et que le coupable (qui remboursa la somme détournée) avait expiée par toute une vie de travail et d'honneur.

XI

L'agitation qui, à Paris et en province, avait précédé et accompagné le procès Zola eut nécessairement son retentissement au Parlement. Une petite phalange de socialistes, groupés autour de Jaurès, dont la nature généreuse se montra plus clairvoyante que bien des habiles, sans prendre ouvertement parti pour la revision, accusait le ministère de livrer la République aux généraux « sortis des jésuitières »; le reste du parti affectait de rester étranger à une querelle de bourgeois. Un groupe nombreux de radicaux à tendances nationalistes, faisant cause commune sur ce point avec la droite, reprochait au contraire au ministre de n'avoir pas fait le nécessaire pour défendre l'honneur de l'armée et pour étouffer une agitation dangereuse. Le porte-parole de ce groupe était Godefroy Cavaignac, candidat à la présidence de la République par droit de naissance, polytechnicien têtu, auquel convenait bien mieux que jadis à Guizot le surnom d'« austère intrigant ».

Entre ces deux écueils, Méline dirigeait sa barque en louvoyant, les yeux fixés sur ce phare : « le respect de la chose jugée ». Prudemment, il refusait d'aborder la discussion des preuves de la culpabilité de Dreyfus, mais il flattait les patriotes en flétrissant avec énergie, dès que l'occasion s'en présentait, l'« abominable campagne » qui ne pouvait que « causer une grande satisfaction aux ennemis de la France ». Lui-même, s'il restait à son poste, c'était pour défendre « le bon renom de la France devant l'étranger ».

Dès le 13 janvier 1898, puis le 22 du même mois, Cavaignac avait sommé le ministère de publier « une pièce à la fois décisive et sans danger », le prétendu rapport contemporain de Gonse sur les prétendus aveux de Dreyfus à Lebrun-Renault. Méline, tout en admettant l'authenticité de la pièce et des aveux, déclina nettement d'entrer dans cette voie, qu'il appelait « la revision à la tribune ». Il s'ensuivit un débat tumultueux, où Jaurès intervint avec éclat, où le comte de Bernis le frappa à la tribune; finalement la Chambre donna raison à Méline (24 janvier). Le 12 février, en plein procès, Billot eut encore à répondre à une interpellation d'Ernest Roche sur ses relations avec la famille Dreyfus; il s'agissait de la démarche suspecte du contrôleur Martinie, relatée plus haut. Billot nia tout et jura que, si jamais, dans « l'affolement des passions », la revision était décidée, il ne resterait pas vingt-quatre heures au ministère de la Guerre.

Au lendemain du verdict, Hubbard et Viviani interpellèrent le ministère sur l'attitude provocatrice, vraiment menaçante pour le pouvoir civil, qu'avaient prise au cours du procès certains généraux (24 février). Méline se garda d'approuver ces écarts de langage, mais il leur trouva une excuse dans l'exaspération naturelle qu'avait dû causer à de braves soldats une campagne incessante d'outrages. D'ailleurs, cette campagne allait finir. « Il faut que cela cesse », s'écria-t-il aux applaudissements de la majorité. Le fol entêtement des intellectuels et des juifs n'aboutirait désormais qu'à déchaîner une persécution religieuse! En même temps il annonçait toute une série de mesures disciplinaires exigées par les circonstances.

Ces mesures, en effet, se succédèrent coup sur coup. La mise en réforme du colonel Picquart, laissée en suspens pendant le procès Zola, fut prononcée (26 février). Rendu à la liberté et à la vie civile, il envoya ses témoins au colonel Henry qui l'avait, on s'en souvient, grossièrement insulté à l'audience du 12 février. Henry fit d'abord des difficultés, puis accepta le cartel et reçut un coup d'épée (5 mars). Quant à Esterhazy, Picquart lui refusa alors et depuis l'honneur d'une rencontre. « Cet homme, dit-il, appartient à la justice de son pays. Je serais coupable de l'y soustraire. » N'ayant pu tâter du fer, Esterhazy essaya du gourdin, mais sans plus de succès (3 juillet). Leblois, comme complice des indiscrétions de Picquart, fut révoqué de ses fonctions d'adjoint, puis suspendu pour six mois de la profession d'avocat par le Conseil de l'ordre (22 mars). Le vieux chimiste Grimaux avait signé une pétition favorable à la revision et déposé avec éloquence et courage au procès : il fut renvoyé de l'École polytechnique, privé de son laboratoire et de son gagne-pain. Le dernier frappé fut Joseph Reinach en sa qualité d'officier territorial. Billot attendit les élections et l'échec de ce député à Digne pour le déférer à un conseil d'enquête, en raison d'un article du *Siècle*, où, prétendait-on, il avait outragé ses « supérieurs »; il fut privé de son grade de capitaine dans l'armée territoriale (24 juin).

Pendant les quatre mois qui suivirent le verdict, les actions des revisionnistes furent au plus bas. Leur campagne semblait n'avoir eu d'autre effet que de creuser dans la société française des divisions irrémédiables: d'un côté l'armée, le clergé, presque toutes les classes dirigeantes, la masse ignorante du peuple, l'écume des braillards et des émeutiers; de l'autre côté une poignée d'intellectuels, de socialistes, d'anarchistes, de juifs et de protestants. Le nationalisme, nouvel avatar du césarisme et du boulangisme, prenait un vigoureux essor, liait partie avec l'antisémitisme, dont les tristes exploits ensanglantaient les rues d'Alger.

Les revisionnistes ne perdaient cependant pas courage. Une forte association, la *Ligue pour la défense des droits de l'homme et du citoyen*, groupa enfin leurs pelotons dispersés (4 juin). Dans la presse, Yves Guyot, Clemenceau, Joseph Reinach, Jaurès, Ranc, multipliaient leurs efforts pour découvrir et répandre la lumière, en même temps qu'ils dénonçaient les ravages de l'esprit clérical et réactionnaire, auquel l'affaire servait de tremplin. L'Europe les lisait, et en grande majorité sympathisait avec eux. Mais, au point de vue judiciaire, toutes les avenues semblaient désormais barrées. C'est à peine si, en dehors de l'épilogue traînant du procès Zola, une procédure peu remarquée, dont il sera question plus loin, — la plainte du colonel Picquart contre les auteurs des faux *Blanche* et *Speranza* — entretenait dans l'ombre une faible étincelle d'espoir.

Les élections eurent lieu au mois de mai. La nouvelle Chambre ne différa pas sensiblement de la précédente, mais les mêmes hommes revenaient imprégnés d'un autre esprit. Le nationalisme et l'antisémitisme n'avaient pas seulement fait entrer à la Chambre quelques-uns de leurs chefs — Millevoye, Déroulède, Drumont, — ils avaient forcé les autres partis à adopter plus ou moins leur langage; presque partout les candidats avaient ou bien gardé le silence sur « l'Affaire » ou renchéri d'hyperboles enthousiastes en faveur de l'armée. Un israélite, L.-L. Klotz, prenait l'engagement humiliant de voter contre la revision! Pas un « dreyfusard » déclaré n'avait réussi à se faire élire. Jaurès, Joseph Reinach étaient battus; Maurice Lebon n'avait pas affronté la lutte. Et 26 conseils généraux réclamaient des mesures de rigueur contre les « agitateurs ».

A sa première rencontre avec la Chambre, le ministère Méline se jugea atteint par un ordre du jour qui l'invitait à exclure la droite de sa majorité (14 juin). Il démissionna. Après une crise laborieuse, un cabinet radical fut constitué (30 juin) sous la présidence d'Henri Brisson, qui venait d'échouer à la présidence de la Chambre contre Paul Deschanel. Brisson était resté jusqu'alors et prétendait rester complètement étranger à « l'Affaire », où il ne voulait voir qu'une question purement judiciaire, mais il confia le portefeuille de la Guerre à Godefroy Cavaignac, sa caution auprès des nationalistes, et lui laissa carte blanche sur cet article; le chef de la Ligue des Patriotes, Déroulède, félicita Brisson de s'être associé un homme « qui saurait faire respecter l'honneur de l'armée ».

Cavaignac, fidèle à ses promesses de député, annonçait l'intention de liquider l'affaire et de

« museler » les dreyfusards impénitents. Il employa huit jours à une étude rapide du dossier secret, que Billot avait fait mettre en ordre par le général Gonse et par son propre gendre, le substitut Wattines; convaincu d'avance de la culpabilité de Dreyfus, il y trouva naturellement la confirmation de son opinion et chercha à la faire partager à Brisson, en lui montrant 60 pièces étalées dans un bel ordre sur une table.

Le 7 juillet, le ministre fut interpellé à la Chambre par le député Castelin — le même qui avait attaché le grelot en 1896. Il demandait de nouvelles poursuites contre Picquart, Zola, Mathieu Dreyfus et le « syndicat ». (1). Cavaignac prit la parole. Son discours, bien différent des prudentes réticences de Méline et des creuses formules de Billot, allait droit au but. Il affirmait crânement le droit pour la France de faire justice et de dire pourquoi, sans crainte de l'étranger. Il prétendait surtout donner une démonstration en règle de la culpabilité de Dreyfus, dont il avait la « certitude absolue ». Cette démonstration s'appuyait non sur le bordereau, dont il ne dit pas un mot, mais sur les preuves nouvelles qui s'étaient révélées depuis la condamnation. Cavaignac insistait sur les aveux de Dreyfus, établis selon lui par le rapport de Gonse et les notes de Lebrun-Renault; or le rapport de Gonse était bien probablement antidaté, et les notes de Lebrun-Renault consistaient en une

(1) On doit noter que le 5 juillet, le garde des Sceaux avait été saisi par Mme Dreyfus d'une pétition tendant à user de son droit de déférer à la Cour de cassation le jugement de 1894 comme « rendu en violation de la loi ».

feuille « détachée » de son calepin de 1895, qu'il avait détruit; ce feuillet préservé par miracle, il le montra à Cavaignac, qui en prit copie, puis, chose singulière, Lebrun le brûla.

Cavaignac déballait ensuite à la tribune un dossier choisi de pièces secrètes. C'était d'abord la pièce « canaille de D » (elle visait en réalité, on l'a vu, un petit commis qui vendait des plans directeurs aux attachés étrangers), puis une pièce soi-disant de mars 1894 où l'un des attachés militaires écrivait : « D m'a apporté beaucoup de choses intéressantes » (1); enfin et surtout la pièce tombée du ciel en novembre 1896, celle que Pellieux avait citée de mémoire au procès Zola. Cavaignac, que Méline, Hanotaux et Félix Faure n'avaient pas informé des protestations de Tornielli, donnait pour la première fois le texte intégral de ce document, moins une phrase qu'il sautait par convenance diplomatique. Il assurait en avoir pesé « l'authenticité matérielle et l'authenticité morale ». Il ajoutait que la réponse à cette lettre et la réponse à la réponse figuraient également dans son dossier et qu'elles étaient d'une clarté qui ne laissait rien à désirer (2).

---

(1) Il fut plus tard reconnu que la lettre D recouvrait un grattage où l'on apercevait la trace d'une ou plusieurs lettres différentes. Bertillon assura que l'initiale grattée était un D, il est aujourd'hui prouvé que c'était un P. Voir plus loin p. 200.

(2) Ces pièces, qui n'ont jamais été publiées, ne peuvent être que des faux. On a prétendu que l'assertion de Cavaignac était absurde, puisque A, n'ayant pas reçu la lettre de B, ne pouvait pas y avoir répondu. Mais cette interprétation est inexacte. La lettre Panizzardi, selon Henry, n'avait pas été *interceptée*, mais *ramassée*

D'apparence mathématique, scandée avec une conviction rageuse, la démonstration de Cavaignac rassure, entraîne, éblouit la Chambre. « C'est clair ! » s'écrie Alphonse Humbert. Et Brisson déclara que Cavaignac avait parlé au nom du gouvernement. L'affichage fut demandé, voté à l'unanimité : parmi les rares abstentions, on remarqua celle de Méline. « Affaire enterrée », proclama non sans ironie Cornély dans le *Figaro*.

Mais, dès le lendemain, le colonel Picquart vint jeter un seau d'eau glacée sur cet enthousiasme. Il écrivit à Brisson une lettre publique, s'offrant à démontrer devant toute juridiction compétente que les deux pièces de 1894 citées par Cavaignac ne s'appliquaient pas à Dreyfus, et que la pièce de 1896 « avait tous les caractères d'un faux ».

Cette déclaration catégorique de l'ancien chef de bureau des renseignements ne laissa pas de faire impression. A la tribune, Cavaignac affecta de traiter avec mépris un homme qui « osait arguer de faux » un document que, de son propre aveu, il n'avait jamais vu. Mais il ne s'en tint pas là, et, pour se venger de l'importun, adressa au Garde des sceaux une plainte en règle contre Picquart et Leblois, en vertu de la loi sur l'espionnage; c'était l'accusation déjà formulée contre Picquart au procès Zola par Henry, Lauth et Gribelin : 1° d'avoir compulsé avec Leblois un dossier d'espionnage Boulot et un dossier secret sur les pigeons voyageurs; 2° d'avoir communiqué à Leblois les dos-

dans la corbeille du bureau de Schwarzkoppen, après que celui-ci en aurait pris connaissance : il avait donc pu très bien y répondre.

siers secrets des affaires Dreyfus et Esterhazy, que celui-ci avait ensuite divulgués. Picquart assurait n'avoir montré à Leblois aucune pièce secrète ou intéressant la défense; il ne l'avait consulté que sur des questions juridiques, comme c'était son droit de chef de service; si, après la menace d'Henry, il lui avait raconté en gros l'affaire Esterhazy, c'était pour assurer sa défense éventuelle. La plupart de ces faits avaient d'ailleurs été dénoncés au conseil d'enquête qui prononça la mise en réforme de Picquart; le principe *non bis in idem* ne devait-il pas, en équité, sinon en droit, s'opposer à de nouvelles poursuites?

Le ministre de la Guerre ne s'arrêta pas à ces considérations, le Garde des Sceaux pas davantage. La « complicité » de Leblois semblait rendre l'affaire justiciable des tribunaux correctionnels. Picquart fut aussitôt arrêté et incarcéré à la prison de la Santé, un an jour pour jour après que Leblois avait fait sa confession à Scheurer-Kestner (13 juillet 1898). Le juge Albert Fabre fut chargé de l'instruction.

La veille de cette arrestation, il s'en était produit une autre qui fit l'effet d'un coup de théâtre. Le juge d'instruction Bertulus était chargé depuis longtemps d'instruire une plainte formée par Picquart contre les auteurs de la fausse lettre *Speranza* et des faux télégrammes qu'il avait reçus en Tunisie. Bertulus était entré en besogne avec de grandes préventions contre Picquart, mais peu à peu la lumière s'était faite, et s'il ne découvrait pas encore les coupables, du moins le fait de la machination, la bonne foi de Picquart, l'innocence de Dreyfus, s'imposaient de plus en plus à son esprit sagace et curieux.

Un incident piquant vint encore le troubler et le renseigner davantage. Un cousin du commandant Esterhazy, Christian Esterhazy, qui à diverses reprises avait servi d'intermédiaire entre son parent et l'Etat-major, s'aperçut qu'il avait été escroqué par le commandant : sous prétexte de placer « chez son ami Rothschild » le petit pécule de Christian et de sa mère, Esterhazy se l'était approprié et restait sourd à leurs réclamations. De guerre lasse, Christian avait raconté sa mésaventure à Labori et à Trarieux, sénateur de son département ; il y ajouta d'instructives révélations sur son rôle de messager. Ceux-ci s'empressèrent de prévenir Bertulus ; la déposition de Christian lui-même (1), une saisie opérée chez Labori achevèrent de l'édifier. Il se convainquit bientôt que le télégramme *Speranza* était de l'écriture de Marguerite Pays, maîtresse d'Esterhazy.

Sans attendre davantage, il décida d'inculper Esterhazy et sa maîtresse du crime de faux et d'usage de faux. Quand Bertulus, qui jusqu'alors avait soigneusement caché son jeu, se démasqua brusquement, on essaya d'arrêter son action ; mais ni sollicitations ni menaces n'y réussirent, et Cavaignac, qui avait résolu de jeter par dessus bord Esterhazy, ordonna qu'on le laissât faire. Le 12 juillet, Bertulus opéra une perquisition chez

(1) Il ne porta plainte formelle contre Esterhazy que le 21 juillet. Ce procès en escroquerie ne devait être jugé que le 6 novembre 1899 : Esterhazy fut condamné par défaut à 3 ans de prison.

Mme Pays; elle mit en sa possession tout un lot de brouillons de lettres d'Esterhazy, singulièrement compromettants; puis il procéda à l'arrestation des deux inculpés, « de sa propre initiative », comme eut soin de le préciser une note officieuse. Esterhazy fut écroué à la Santé, — comme Picquart; sa maîtresse fut enfermée à Saint-Lazare.

Le coup était si soudain qu'au début les inculpés perdirent contenance. Mme Pays avoua, en causant, qu'elle avait écrit le télégramme. Esterhazy, furieux d'être lâché par ses protecteurs, menaça de « manger le morceau ». Le colonel Henry, délégué par Gonse pour prendre connaissance des pièces saisies par Bertulus qui pouvaient intéresser la sûreté de l'Etat, trouva le juge d'instruction terriblement renseigné; un moment, devant ses questions pressantes, qui paraissaient le mettre lui-même en cause, il se troubla, éclata en larmes, adjura le juge de « sauver l'armée ». Mais Bertulus, exagérant la stratégie qui lui avait si bien réussi jusqu'alors, ne poussa pas plus loin son avantage. Aussitôt les coupables se ressaisirent. Mme Pays, sur le conseil de Tézenas, rétracta son aveu; Esterhazy resta boutonné : les pièces saisies étaient insignifiantes, il avait su mettre en lieu sûr sa « garde impériale » (1). De son côté, Henry, rassuré, joua l'indifférence.

Bertulus commit une nouvelle faute : sur son conseil, du fond de sa prison, Picquart déposa une

(1) Peut-être une des photographies du prétendu bordereau annoté par Guillaume II? Il l'avait cachée, dit-on, dans la doublure d'un képi, que Bertulus avait tenu entre les mains.

plainte contre Du Paty, qu'il accusait de complicité dans l'envoi des faux télégrammes. Les apparences étaient certainement contre Du Paty. *Blanche*, signataire d'un de ces télégrammes, c'était le prénom de Mlle de Comminges, avec laquelle il avait été très lié, puis brouillé. L'invention de la « dame voilée » rappelait une mise en scène saugrenue qu'il avait imaginée pour restituer des lettres échangées avec la nièce de cette dame. Mme Pays avait assuré à Christian que Du Paty était l'auteur de la dépêche. Enfin, à l'Etat-major, tout le monde était disposé à sacrifier Du Paty, devenu la bête noire du général Roget, chef du cabinet et confident de Cavaignac. Des recherches ultérieures (1) ont prouvé que tous ces soupçons étaient mal fondés, et que seuls Esterhazy et Henry avaient mis la main dans la machination des télégrammes; mais pour le moment, Bertulus, lancé sur une fausse piste, s'obstinait à attribuer le télégramme *Blanche* à Du Paty, le télégramme *Speranza* à un concert frauduleux entre Du Paty et Esterhazy. Il accueillit donc la plainte de Picquart, et, en raison de la connexité des faits, contrairement aux réquisitions du procureur de la République Feuilloley, se déclara *partiellement* compétent pour instruire cette nouvelle affaire (28 juillet).

Cette fois le parquet se décida à lui barrer la route. La Chambre des mises en accusation, saisie par le procureur de la République, s'arrogea un droit d'appréciation sur le fond et cassa l'ordonnance de compétence partielle, par la raison

(1) J. Reinach, *op. cit.*, II, 668.

que la complicité de Du Paty paraissait insuffisamment établie (5 août). Là-dessus, Bertulus revint à ses prisonniers et ordonna leur renvoi devant la Cour d'assises (6 août), mais ici encore la Chambre des mises en accusation se mit en travers. Sur l'opposition du ministère public, représenté par le substitut Trouard-Riolle, elle accorda à Esterhazy et à sa maîtresse le bénéfice d'un non-lieu, vu l'insuffisance des charges recueillies (12 août) : ils furent aussitôt mis en liberté. De tous les arrêts civils ou militaires rendus à cette époque, celui-ci constitue le déni de justice le plus éclatant. On a peine à comprendre que des magistrats aient affirmé, par exemple, que la rédaction des télégrammes incriminés (1) « n'impliquait nullement qu'ils eussent été adressés à Picquart par ses adversaires dans une pensée hostile et en vue de lui nuire ».

Picquart se pourvut en cassation contre les deux arrêts de la Chambre des mises. Le 1er septembre, la Cour de cassation (Chambre criminelle), sur un rapport sévèrement motivé du conseiller Bard, cassa l'arrêt du 5 août; mais celui du 12 avait force de chose jugée et ne pouvait être attaqué légalement par Picquart; dès lors, les auteurs principaux étant hors de cause, les poursuites contre leur complice militaire devenaient impossibles — comme elles eussent été infructueuses.

Esterhazy avait échappé à Bertulus, mais il ne devait pas échapper à Cavaignac, qui le soupçonnait d'être le « scripteur » du bordereau et le complice de Dreyfus. Déjà, dans son discours du 7 juil-

(1) Voir le texte plus haut, p. 85.

ict, le ministre avait annoncé que cet officier — il ne daignait pas le nommer — serait frappé des peines disciplinaires qu'il avait méritées. Le 16 août il le déférait à un conseil d'enquête, qui se réunit à quelques jours de là (24 août), sous la présidence du général Florentin. Cette fois Esterhazy se fâcha pour de bon et fit, pour se venger, de graves révélations. On sut alors sa partie liée avec l'État-major, ses lettres de menace au Président de la République, la collaboration de Du Paty à ces lettres et à l'article *Dixi*. Il produisit une note de Du Paty — à l'écriture partiellement déguisée — résumant leur plan de campagne. Du Paty, qui s'était déjà confessé à Cavaignac (son parent), ergota d'abord, puis avoua. Le conseil d'enquête était fort embarrassé. Comment frapper pour indiscipline un soldat qui n'avait agi que de l'aveu de ses chefs ? On écarta donc ce grief, on écarta aussi celui des fautes contre l'honneur, quoiqu'il fût avéré qu'Esterhazy avait commandité une maison de passe. On retint seulement, à une voix de majorité, « l'inconduite habituelle ». Le gouverneur de Paris, Zurlinden, en transmettant l'avis du conseil, recommandait l'indulgence. Le ministre passa outre, et Esterhazy fut mis en réforme (31 août).

Mais à ce moment une catastrophe imprévue venait changer la face des choses.

On pense bien que la polémique revisionniste n'avait pas cessé à la suite du discours de Cavaignac; elle en avait au contraire tiré de nouveaux arguments, et se montrait chaque jour plus pressante et souvent plus violente. Le ministère en était irrité, mais que faire ? On pouvait bien frapper impitoyablement les fonctionnaires assez imprudents pour exprimer leur opinion — comme on frappa le doyen de la faculté des lettres de Bordeaux, Stapfer, pour un discours prononcé aux obsèques du recteur Couat — mais la presse était libre. Quelques-uns rêvaient d'un coup de force. A la distribution des prix du collège d'Arcueil, que présidait le généralissime Jamont, le père Didon le réclama ouvertement (19 juillet). Cavaignac était hanté de la même pensée : le 11 août, il proposa au cabinet de « coffrer » le syndicat, sous l'inculpation de complot contre la sûreté de l'Etat, et de le traduire devant le Sénat érigé en Haute-Cour de justice; mais ce projet insensé fut écarté sans discussion par Brisson.

En attendant, Cavaignac voulut consolider les fondations de son œuvre de justicier. Malgré son infatuation, il n'avait pas laissé d'être ému par les doutes exprimés sur l'authenticité de certaines pièces de son dossier. Ce n'était pas seulement Picquart qui critiquait la pièce de 1896, c'était tous les journaux revisionnistes, c'était Du Paty lui-même, son propre cousin. Cavaignac, voulant en avoir le cœur net, ordonna un reclassement et une revision générale du dossier secret. Au cours de cette opération, dirigée par le général Roget, le capitaine Cuignet, travaillant à la lampe le soir du 13 août, remarqua une singularité inquiétante dans le « document Henry » : le quadrillage du papier, en haut et en bas de la feuille, n'était pas de même couleur qu'au milieu. Il rapprocha la pièce de contrôle fournie par Henry lui-même — une invitation à dîner de 1894. Cuignet constata, par la comparaison des quadrillages, que l'en-tête et le bas de cette dernière pièce appartenaient en réalité au document Henry et *vice versa*. Si les deux pièces avaient été contemporaines, on aurait pu mettre cette interversion sur le compte d'une erreur de collage; mais il n'en était pas ainsi: l'une avait été censément reconstituée en 1894, l'autre en 1896; il y avait donc eu, à cette dernière date, une manipulation plus que suspecte.

Très ému de sa découverte, Cuignet en avisa dès le lendemain le général Roget et le ministre, qui en reconnurent l'exactitude: leur conviction, que le charabia et l'invraisemblance du « document Vercingétorix » n'avaient pas ébranlée, commença à faiblir devant ce fait matériel, la divergence des quadrillages. Mais on était en vacances, les Chambres parties, Henry en congé; c'était la saison des voyages et des ovations ministérielles, dont Cavaignac prenait largement sa part; il garda le secret pendant quinze jours, qui furent employés à de nouvelles vérifications. Seuls les généraux Gonse et Boisdeffre (celui-ci au dernier moment) furent mis au courant.

Le 30 août enfin, le colonel Henry, de passage à Paris, fut mandé au cabinet du ministre. Cavaignac l'interrogea lui-même en présence de ces deux généraux; un troisième, Roget, tenait la plume. Henry commença par nier, puis s'embarrassa dans des explications confuses, admit qu'il avait refait « certaines parties » de la pièce de 1896, enfin, vaincu par l'évidence, avoua tout; il l'avait fabriquée tout entière, tout seul, « dans l'intérêt de son pays ». Peut-être espérait-il que Gonse et Boisdeffre, qui, en 1896, avaient accepté sans contrôle son faux providentiel, viendraient à son secours; mais ceux-ci, jugeant la partie perdue, gardèrent un silence glacial et laissèrent le misérable à sa destinée. Cavaignac le fit garder à vue par Roget (1), puis mettre aux arrêts de rigueur et enfermer, non au Cherche-Midi, mais au Mont Valérien. Le lendemain Henry écrivit au général Gonse pour le prier de venir lui parler ; il écrivit aussi à sa femme une lettre de justification : le faux n'était que la « copie » de renseignements verbaux; elle savait « dans l'intérêt de qui il avait agi ». Ensuite il se ravisa et se coupa la gorge avec un rasoir laissé à sa disposition (31 août 1898). Il emportait dans la tombe son secret, et tarissait, comme le dit Brisson, une source de vérité. Le lendemain Esterhazy, averti, disparaissait de Paris: on sut bientôt qu'il avait gagné Bruxelles, puis Londres.

(1) Pendant ce tête-à-tête, Henry, sans provocation, aborda la question du bordereau pour affirmer que c'était bien lui qui l'avait reçu, et par « la voie ordinaire » (la corbeille de bureau), déclaration sûrement mensongère.

XII

Pour la grande masse du public, savamment entretenue jusque là dans l'ignorance de l'affaire, l'aveu et le suicide du colonel Henry firent l'effet d'un coup de tonnerre dans un ciel serein. Les adversaires déclarés de la revision furent atterrés; il leur fallut plusieurs jours pour se ressaisir et pour imaginer la théorie du « faux patriotique », développée par les journalistes Judet et Charles Maurras.

D'après ces sophistes, Henry aurait forgé son document comme une sorte de résumé pour le public, parce que les vraies preuves ne pouvaient être produites sans danger. Cette théorie était encore plus inepte qu'immorale, car si jamais document, comme l'écrivait Pressensé, fut destiné « à l'usage interne », c'était bien celui-là. Néanmoins, faute de mieux, on s'y rallia. Et quand, quelques mois plus tard, J. Reinach, dans une série d'articles du *Siècle*, essaya de prouver qu'Henry avait été, dès le début, le complice d'Esterhazy, on décida la veuve du colonel à intenter au journal un procès en diffamation; une souscription ouverte pour en faciliter les moyens eut un brillant succès (131.000 francs): beaucoup de lettres d'envoi prirent le caractère d'une véritable apologie du faussaire, auquel, un moment, on avait songé à élever un monument ! (1).

Ce n'était là pourtant que l'attitude de quelques exaltés. La partie modérée de l'opinion fut sinon retournée, tout au moins ébranlée; la revision du procès Dreyfus paraissait désormais inévitable. C'était l'évidence, comme l'écrivait Jaurès, que si en 1896 l'Etat-major avait été réduit à forger de la mauvaise monnaie, c'est qu'il n'en avait pas de bonne. Les chefs mêmes de l'armée parurent incliner d'abord vers cette solution. Boisdeffre, atteint en pleine poitrine par la découverte d'un faux dont il avait publiquement attesté l'authenticité, donna séance tenante sa démission de chef d'Etat-major, et, malgré l'insistance de Cavaignac, la maintint; il fut remplacé par le général Renouard. De son côté, Pellieux écrivit au ministre que « dupe de gens sans honneur » il demandait sa mise à la retraite; cependant, sur les instances de Zurlinden, il retira sa lettre, dont Brisson n'eut même pas connaissance (2).

Le conseil des ministres examina la question. Brisson était maintenant acquis à la revision et resta désormais inébranlable dans sa décision.

---

(1) Décembre 1898-janvier 1899. Ces listes de souscripteurs (environ 15.000) ont été recueillies dans le *Monument Henry* de P. Quillard. On y relève les noms de 1.000 officiers, 830 gentilshommes, 300 ecclésiastiques. — Le procès fut appelé à la fin de janvier, mais une question de procédure, soulevée par Labori, le fit ajourner. Voir plus loin, p. 193.

(2) Deux jours après, Pellieux était reconquis au parti de la résistance. « Ne triomphez pas trop vite, écrivait-il à Paul Meyer, votre triste client n'est pas sauvé. »

Cavaignac fut d'un autre avis. Trop loyal pour étouffer le faux Henry, il était trop têtu pour désavouer son discours du 7 juillet qui s'étalait encore sur toutes les murailles; il se déclara plus convaincu que jamais de la culpabilité de Dreyfus, plus hostile que jamais à la revision. Devant l'attitude résolue de Brisson, il donna sa démission motivée (4 septembre). Le général Zurlinden, gouverneur de Paris, accepta le portefeuille de la Guerre, sur le désir du Président de la République, mais à la condition expresse de pouvoir étudier le dossier Dreyfus avant qu'on engageât la procédure en revision.

La revision, fondée, comme c'était le cas, sur l'apparition d'un « fait nouveau », ne pouvait être demandée que par le Garde des sceaux. Dès le 3 septembre, à la suite d'une invitation officieuse, Mme Dreyfus saisissait celui-ci d'une requête tendant à user de cette initiative. Elle y alléguait deux motifs : 1° l'expertise nouvelle du bordereau qui, croyait-elle savoir, n'avait pas donné les mêmes résultats qu'en 1894; 2° l'aveu d'Henry qui, par voie d'analogie et de conséquence, infirmait son témoignage décisif au procès de Dreyfus. Au bout de huit jours, le Garde des Sceaux demanda au ministre de la Guerre communication du dossier; Zurlinden le lui transmit, mais, à la surprise générale, avec un avis défavorable; l'étude du dossier — commenté par ses officiers — l'avait « pleinement convaincu de la culpabilité de Dreyfus ».

Une discussion prolongée s'engagea au conseil des ministres, qui finit par décider de passer outre et de saisir la commission consultative, appelée par la loi à donner son avis sur les demandes de revision. Là-dessus, Zurlinden démissionna et fut réintégré au gouvernement de Paris; le ministre des Travaux publics, Tillaye, le suivit dans sa retraite (17 septembre). Le général Chanoine, recommandé par le ministre Bourgeois et par le sous-secrétaire Vallé, hérita du portefeuille de Zurlinden et des injures de la presse antirevisionniste (1).

Pendant son court passage aux affaires, Zurlinden, sous l'influence de Roget et de Cuignet, avait, avec une impartialité qui faisait plus d'honneur à sa droiture qu'à son discernement, frappé deux des principaux acteurs du drame: Du Paty et Picquart.

Il était établi par les déclarations d'Esterhazy à son conseil d'enquête, par une enquête ouverte en conséquence, par l'aveu même de Du Paty, que celui-ci avait documenté Esterhazy pendant et après son procès. Quoiqu'il n'eût agi, visiblement, que de l'aveu et même par ordre de ses chefs, on jugea sa conduite répréhensible « au point de vue militaire », et il fut mis en disponibilité par retrait d'emploi (12 septembre).

Picquart était sur le point de passer en police correctionnelle avec Leblois dont le délit, connexe au sien, entraînait la compétence civile. Ainsi avait conclu le juge Fabre, dont l'instruction, il faut le dire, s'était terminée avant l'aveu d'Henry

(1) Le portefeuille de la guerre avait d'abord — sur l'avis, officieusement sollicité, de Mathieu Dreyfus — été offert au général Darras, qui le refusa.

(25 août) et qui, pour cette raison, attacha plus de poids à l'énergie des témoignages militaires qu'à leurs incessantes contradictions (1). Mais la correctionnelle ne rassurait pas l'acharnement des ennemis de Picquart. On ressuscita alors contre lui l'accusation — déjà formulée par Esterhazy et Lauth — d'avoir fabriqué ou falsifié le « petit bleu ».

Elle s'appuyait notamment sur des traces de grattage que présentait l'adresse de ce document et que Roget avait remarquées en mai 1898. La moindre vérification eût permis de constater (comme l'établit la suite de l'enquête) que les lettres grattées étaient les mêmes que les lettres récrites en surcharge et que la manipulation était postérieure aux premières photographies prises au printemps 1896; elle était donc manifestement l'œuvre d'un ennemi de Picquart, qui avait voulu jeter le soupçon sur lui. Mais on n'y regarda pas de si près, et le parti militaire, secrètement soutenu par le Président de la République, insista d'autant plus pour incriminer, c'est-à-dire pour salir Picquart, qu'on savait que le Garde des sceaux Sarrien lui avait demandé au fond de sa prison un mémoire destiné à la Commission consultative.

Zurlinden, soldat loyal mais borné, se laissa faire l'instrument de cette intrigue. Ministre, il

---

(1) C'est pendant l'instruction Fabre que se produisit pour la première fois le faux témoignage du planton Savignaud (nullement ordonnance), qui prétendait avoir, en Tunisie, mis à la poste des lettres de Picquart à Scheurer-Kestner.

avait proposé au cabinet, qui s'y montra peu favorable, de traduire Picquart devant un Conseil de guerre. En quittant le pouvoir, il présenta à son successeur un ordre d'information que celui-ci, sans consulter ses collègues, sans avertir Brisson, n'hésita pas à approuver; l'ordre fut alors lancé par Zurlinden lui-même, redevenu gouverneur de Paris. Le 21 septembre, jour où le procès de Picquart et de Leblois fut appelé devant le Tribunal correctionnel, le substitut Siben demanda et obtint la remise de l'affaire, en raison: 1° de l'instance en revision, qui pouvait modifier l'aspect moral des faits reprochés à Picquart; 2° de la nouvelle et grave accusation formulée contre lui par l'autorité militaire et qui fut ainsi révélée au public. Après une vive protestation de son avocat Labori, Picquart se leva et fit une brève déclaration : on voulait, par une machination, le mettre à l'ombre; il prévenait ses juges et le public que si l'on trouvait dans sa cellule « le lacet de Lemercier-Picart ou le rasoir d'Henry », ce serait un assassinat, et non un suicide. Le lendemain, extrait de la Santé, il fut écroué à la prison militaire du Cherche-Midi et mis au secret.

La Commission consultative, chargée de donner son avis sur la demande en revision. se composait des trois directeurs du ministère de la justice et de trois conseillers à la Cour de cassation, MM. Lepelletier, Crépon et Petit. La Commission se partagea par moitié: les trois directeurs favorables, les trois conseillers hostiles. La décision conclut donc au rejet. Le ministre n'était pas lié par l'avis de la commission, mais il inclinait à le suivre; il voulut toutefois se couvrir de l'autorité du cabinet tout entier. Après une délibération de quatre heures, les instances de Brisson, soutenu par Bourgeois, l'emportèrent : il fut décidé que le Garde des sceaux saisirait la Cour de cassation. La note officieuse annonça (formule volontairement inexacte (1) que le Garde des sceaux « transmettait à la Cour la requête de Mme Dreyfus ». Ainsi se trouva définitivement inaugurée la procédure en revision (26 septembre).

Brisson, qui avait lutté bravement pour ce résultat pendant un mois, ne devait pas recueillir le fruit de son courage. Ces graves événements s'étaient produits pendant les vacances parlementaires. Un groupe de députés avait demandé sans succès la convocation anticipée des Chambres; mais l'agitation ne fit que grandir tous les jours. Battus sur le terrain du droit et des faits, les adversaires obstinés de la revision s'efforçaient de plus en plus de déplacer la question et d'en faire une querelle entre l'armée nationale et une bande de cosmopolites; il ne s'agissait pas tant de rechercher si Dreyfus était innocent ou coupable, que de savoir si l'honneur de l'armée serait défendu ou non. Le Président de la République, Félix Faure, volontiers cocardier et qu'on tenait par de douloureux secrets de famille, montrait des sympathies nationalistes; la violence inconsidérée de certains revisionnistes fournissait contre leur cause de redoutables arguments, par exemple le livre d'Urbain Gohier, *L'armée contre la Na-*

(1) *Code d'instr. criminelle*, 444 : Dans le quatrième cas (révélation d'un fait nouveau) le droit de demander la revision *appartiendra au ministre de la Justice seul.*

tion (1), qui présentait l'armée nationale comme une résurrection de l'armée des émigrés.

A la veille de la rentrée du Parlement, des grèves suspectes, des réunions publiques tapageuses, des bagarres dans la rue, des bruits vagues de complots militaires et des craintes de guerre avec l'Angleterre — c'est l'époque de l'incident de Fachoda — contribuèrent à surexciter les esprits : il semblait qu'on fût au bord d'un coup de force ou d'une Révolution.

La Chambre se réunit le 25 octobre et, tout de suite, mit par terre le cabinet. Une injure préméditée de Paul Déroulède avait fait bondir à la tribune le ministre de la Guerre, Chanoine. Il déclara n'avoir accepté le portefeuille que sur les instances de ses camarades et dans l'intérêt de l'armée. Mais sur le fond de cette « affaire néfaste », son opinion était conforme à celle de ses prédécesseurs ; maintenant que les représentants du pays étaient réunis, il leur remettait le dépôt qui lui avait été confié. Cette démission à la tribune, visiblement concertée, fit passer comme un vent de *pronunciamento*.

Brisson, aussi surpris et indigné que la gauche entière, prit d'abord une attitude ferme, réclama et obtint le vote unanime d'un ordre du jour qui affirmait la suprématie du pouvoir civil. Mais, cela fait, un député, M. de Mahy, proposa une addition invitant le gouvernement à « réprimer les attaques contre l'armée ». Le Garde des sceaux

---

(1) Poursuivi sous le ministère Dupuy et acquitté par le jury de la Seine ; *honoré* (?) d'une souscription par le Conseil municipal de Paris.

expliqua que, dès le mois de septembre, il avait adressé aux procureurs généraux des instructions en ce sens; mais, pour intenter des poursuites, il fallait une plainte du ministre de la Guerre, et celui-ci s'était toujours refusé à la déposer. Le gouvernement, convaincu d'avoir fait tout son devoir, ne pouvait accepter une invitation qui ressemblait à un reproche. En conséquence, il repoussait l'addition proposée. Elle n'en fut pas moins votée et entraîna la chute du cabinet Brisson. Le 3 novembre, il fut remplacé par un ministère d'union républicaine, présidé par Charles Dupuy, avec Freycinet à la Guerre et Lebret à la Justice, les deux ministères à cette heure les plus importants et les plus difficiles à mettre d'accord. Mais cette fois les rôles de la toge et de l'épée étaient inversés: Freycinet passait pour favorable à Dreyfus; Lebret, au contraire, dans sa circulaire électorale, avait flétri les « sans patrie » qui s'agitaient en faveur « d'un traître ». Le cabinet prit pour programme « l'honneur de l'armée et le respect de la justice ».

Pendant la crise ministérielle, la Chambre criminelle de la Cour de cassation s'était réunie en audience publique (27 et 28 octobre) pour examiner la demande en revision. Elle avait été, dès la première heure, assaillie des invectives de la presse nationaliste et bombardée de lettres de menaces anonymes; ce fut même pour cette raison que le président Lœw (1) confia le rapport au

(1) Il avait demandé au premier président Mazeau de venir présider la Chambre criminelle, comme celui-ci en avait le droit. Mazeau refusa.

conseiller Bard, qui se trouvait être le seul célibataire de la section, et, à ce titre, le moins accessible à certaines attaques.

Bard, dans un rapport très remarquable, le procureur général Manau, dans un éloquent réquisitoire, se prononcèrent tous deux en faveur de la demande en revision, et s'appuyèrent sur les deux motifs allégués par Mme Dreyfus; ils laissaient même entrevoir quelques doutes sur l'origine du bordereau, frappé de suspicion par le crime d'Henry, qui l'avait reçu. Toutefois, en considération des résistances de l'autorité militaire, dont une lettre de Zurlinden résumait les motifs, en raison aussi des incertitudes que laissait subsister l'absence du dossier secret, dont le ministère de la Guerre avait refusé la communication, Bard proposait que la Chambre criminelle se contentât pour le moment de déclarer la demande « recevable en la forme », puis procédât à une enquête qui achèverait de faire la lumière et d'apaiser les esprits. Cet avis, appuyé par l'avocat de Dreyfus, Mornard, fut adopté ; on écarta même la suspension de la peine de Dreyfus, en faveur de laquelle s'était prononcé le cœur généreux et pressé du vieux Manau (29 octobre 1898).

XIII

La Chambre criminelle de la Cour de cassation décida qu'elle ne déléguerait pas, comme d'usage, à une commission l'instruction supplémentaire jugée nécessaire, mais qu'elle y procèderait tout entière, en corps, dans le plus grand secret. Elle commença aussitôt l'audition d'une longue série de témoins. Elle consentit même à entendre Esterhazy qui, toujours sous le coup de la plainte de Christian, se fit accorder à la dernière heure un sauf-conduit pour venir à Paris et ne débita, d'ailleurs, que des sornettes.

Quant à Dreyfus, que Dupuy s'entêtait à ne pas avertir, la Chambre criminelle ordonna (15 novembre) qu'il serait informé et invité à présenter ses moyens de défense par le moyen d'une commission rogatoire. Déjà dans les premiers jours du mois, il avait reçu une lettre de sa femme, l'avisant de l'ouverture de la procédure en revision. C'était le rayon de soleil qui venait percer la nuit toujours plus épaisse où s'enfonçait le cerveau du malheureux.

Dans la seconde moitié de 1897, les lettres de sa femme, quoique passées à la censure la plus sévère, avaient respiré une confiance qui ranima un peu la sienne; mais ensuite la tristesse et le silence s'étaient refaits plus lourds que jamais. Le 28 février 1898, ignorant tout, à bout de forces et de patience, il avait adressé aux présidents des deux Chambres une pétition réclamant de nouvelles recherches; elle ne leur fut même pas transmise par Méline. Depuis lors, il n'avait cessé de décliner; une seule fois un gardien charitable avait laissé tomber comme en passant ce mot d'espoir: « Quelqu'un s'occupe de vous. » C'était tout, et rien n'était venu confirmer cette faible lueur. En septembre, désespéré, il déclara qu'il n'écrirait plus, tant qu'il n'aurait pas reçu de réponse à ses demandes en revision. Le télégramme du 16 novembre le rendit définitivement à la vie, et l'on apporta dès lors quelque adoucissement à sa réclusion : sa zone de promenade fut élargie; il revit enfin la mer qu'on lui avait murée pendant deux ans.

Le témoignage de Picquart était attendu avec impatience. Le parti militaire s'efforça de le frapper de suspicion en obtenant au préalable sa condamnation. L'instruction de son affaire, confiée au capitaine Tavernier, et pendant la durée de laquelle il était resté au secret le plus absolu (1), avait été traînée d'abord en longueur : maintenant on se hâta de la clore; le 24 novembre, bien que l'expertise des surcharges du « petit bleu » eût donné en faveur de Picquart des ré-

(1) L'instruction secrète en matière de justice militaire ne fut abolie que par la loi du 1er décembre 1898 (loi Constans). Elle avait été présentée le 15 novembre et, dès le lendemain, Zurlinden avait fait clore l'instruction Tavernier.

sultats décisifs, le général Zurlinden signait l'ordre de sa mise en jugement devant le Conseil de guerre de la Seine, sous l'inculpation de faux, usage de faux et communication de documents secrets intéressant la défense nationale.

De nombreuses pétitions d' « intellectuels », de véhéments discours de réunions publiques protestèrent contre cette manœuvre trop transparente, demandant qu'il fût sursis au jugement de Picquart jusqu'à ce que la fin de l'enquête eût permis de caractériser son rôle. A la Chambre des députés, Charles Bos, Millerand, Ribot se firent les interprètes de cette opinion, et Poincaré, l'un des ministres de 1894, profita de cette occasion pour libérer un peu tardivement sa conscience (28 novembre). Freycinet, Dupuy, sans contester le droit du gouvernement, refusaient d'ordonner au gouverneur de Paris le sursis demandé; mais Dupuy, dont la politique jouait volontiers des ficelles, insinua qu'il verrait avec plaisir la Cour de Cassation réclamer à la justice militaire l'*original* du dossier Picquart, ce qui paralyserait l'action du Conseil de guerre. Les revisionnistes répugnaient à ce stratagème; ils le jugeaient indigne de leur cause, et d'une légalité douteuse. Au Sénat, Waldeck-Rousseau proposa donc une loi (1er décembre) qui permettrait à la Cour de Cassation, saisie d'une demande en revision, de suspendre de sa propre autorité toutes poursuites ou instructions « connexes ». On ne put obtenir le vote de l'urgence, combattu par le gouvernement.

Alors, pressés par le temps, les avocats de Picquart s'avisèrent d'un nouveau moyen légal. Poursuivi à la fois devant le tribunal correctionnel et devant le Conseil de guerre pour des faits dont plusieurs étaient identiques, Picquart présenta à la Cour de Cassation une requête « à fin de règlement de juges », qu'il fit appuyer par l'avocat Mimerel (4 décembre). La Cour, dans la nécessité de s'éclairer, se fit remettre les deux dossiers, et la réunion du Conseil de guerre, devenue matériellement impossible, fut ajournée à une date indéfinie (10 décembre). Le 12 décembre, jour fixé primitivement pour la comparution de Picquart devant le Conseil, les anti-revisionnistes se consolèrent en faisant devant sa prison une manifestation, dissipée sans peine par la police.

A plusieurs reprises, et dès le 14 novembre, la Chambre criminelle avait réclamé la communication du dossier secret détenu par l'autorité militaire. Elle rencontra à ce sujet une vive résistance, car, si les juges voyaient le dossier, il faudrait aussi le communiquer à la défense, et l'on affectait de redouter des indiscrétions dangereuses pour la sûreté nationale. L'affaire finit par être portée à la Chambre des députés. Brisson, pour établir que la communication demandée était sans danger, raconta que, la veille de son fameux discours du 7 juillet, Cavaignac lui avait montré tout le dossier secret étalé sur une table: il n'y avait là que trois pièces intéressant vraiment l'affaire, et ces trois pièces (dont une fausse), Cavaignac les avait lues à la tribune. Aucune des soixante autres pièces ne pouvait, par sa communication, intéresser la sûreté de l'Etat (19 décembre).

Le gouvernement se fit pourtant tirer l'oreille. Avant de céder, il exigea des garanties de nature à l'assurer contre toute publication indiscrète. La Cour de cassation les accorda volontiers (27 décembre): elles consistaient en ce qu'un officier du ministère de la Guerre (ce fut le capitaine Cuignet) fût chargé tous les jours d'apporter le dossier à la Cour et de le rapporter le soir au ministère. Déjà auparavant le ministre avait obtenu qu'il lui serait donné copie des témoignages, au fur et à mesure des dépositions, afin de provoquer, si besoin était, des dépositions rectificatives: l'étude de ces documents était confiée au général Chamoin. La Chambre criminelle communiquait des copies semblables à la défense et au procureur général. Le secret de l'instruction devenait dès lors difficile à garder.

A mesure que la Chambre criminelle avançait dans son enquête et malgré le mystère dont elle l'entourait, le bruit se répandit de plus en plus que sa décision serait favorable à la revision (1) Pour empêcher à tout prix ce dénouement, les ennemis de la revision entreprirent dans la presse et à la tribune une campagne inouïe de diffamations contre les magistrats de la Chambre criminelle, qu'on représentait comme d'avance acquis, ou plutôt vendus, à la cause du « traître ». La ligue des Patriotes, la ligue antisémitique, bientôt aussi la ligue de la Patrie française — constituée le 1er janvier 1899, sous les auspices des académiciens François Coppée et Jules Lemaître — étaient prêtes à seconder cette campagne. De jour en jour

(1) Sur 12 membres, 4 seulement restèrent hostiles presque jusqu'au bout (Sevestre, Sallantin, Lasserre, Roulier).

on réclamait plus impérieusement le dessaisissement, proposé dès l'origine par Cavaignac, de ceux qu'on appelait des juges disqualifiés.

Les diffamateurs trouvèrent à point nommé un allié au sein de la Cour de cassation elle-même. Le président de la Chambre civile, Quesnay de Beaurepaire, à la fois magistrat et romancier, et qui mêlait imprudemment ses deux métiers, fit raconter par le juge Grosjean qu'il avait été témoin d'une sorte de « collusion » entre le conseiller Bard et le colonel Picquart; bientôt même il adressa au premier président un véritable mémoire dirigé contre ses collègues Lœw et Bard. Une enquête aussitôt ouverte mit à néant ces racontars, mais Quesnay n'en voulut pas avoir le démenti. Il donna sa démission (8 janvier 1899), et commença dans l'*Echo de Paris* une série d'articles injurieux contre ses collègues de la Chambre criminelle, dont il voulait, disait-il, frapper d'avance l'arrêt d'inanité.

Ses allégations reposaient pour la plupart sur le témoignage du capitaine de gendarmerie Herqué, chargé de garder Picquart, et qui avait fait ses confidences à Cavaignac. Le rapport de ce militaire fut apporté à la tribune de la Chambre par le Garde des sceaux: l'incident le plus grave était un grog chaud que le président Lœw ou le conseiller Bard, à la fin d'une longue et fatigante déposition, avait fait servir à Picquart. Le ministre déclara qu'il avait fait ouvrir une nouvelle enquête sur les faits dénoncés par Quesnay de Beaurepaire. Mais le député Lasies eut beau appeler Lœw, Manau et Bard un « trio de coquins » : la Chambre, écœurée de ces commérages, vota l'ordre du jour pur et simple (12 janvier). Quelques jours après, au Sénat, le Garde des sceaux, Lebret, interpellé par la droite, déclarait encore qu'il fallait laisser la justice accomplir son œuvre (19 janvier).

Mais en réalité le ministère, et surtout le Président de la République, étaient bien loin de se sentir rassurés. L'agitation grandissait sans cesse parmi les militaires et les militaristes ; c'était l'heure où les listes de souscription en faveur de Mme Henry et de son fils, les *listes rouges*, closes le 15 janvier, venaient de se couvrir de noms d'officiers, d'appels au massacre des juifs, à l'écrasement des traîtres et de leurs suppôts. Le gouvernement arriva à se convaincre que la revision, décidée par la Chambre criminelle, ne serait pas acceptée par l'armée et pourrait déchaîner une guerre civile. Il se dit que, pour éviter ce désastre, il fallait, comme on l'avait déjà plusieurs fois proposé, comme Quesnay de Beaurepaire le réclamait tous les matins, évoquer l'affaire devant une juridiction plus élevée et plus intacte, la Cour de cassation tout entière. Si celle-ci rejetait la revision — et l'on croyait savoir qu'elle y était en majorité hostile — c'était l'enterrement définitif; si elle l'acceptait, un arrêt tombant de si haut ferait taire bien des résistances.

En conséquence, le ministère, changeant une fois de plus (suivant le mot de Dupuy) son fusil d'épaule, présentait le 30 janvier un projet de loi portant que, toutes les fois que la Chambre criminelle procéderait à une enquête dans une demande en revision, l'affaire serait jugée par toutes les

Chambres réunies; cette innovation devait être immédiatement applicable à l'affaire en cours.

Le projet Dupuy reprenait à peu de choses près les termes d'une proposition du député Gerville-Réache, que le ministère avait naguère combattue en la qualifiant de « loi de circonstance ». Le texte ministériel, dessaisissant la Chambre criminelle à la veille de son arrêt, présentait ce caractère à un bien plus haut degré. Le seul prétexte allégué pour cette étonnante palinodie était le rapport que le ministère avait demandé, sur les faits dénoncés par Quesnay, au premier président de la Cour de cassation, Mazeau. Ce rapport, signé de Mazeau et de ses deux assesseurs, les conseillers Dareste et Voisin, constituait, comme le dit Millerand, une véritable prime à la calomnie. Tout en proclamant bien haut l'honorabilité de leurs collègues, mise hors de doute par une enquête de dix jours, les rapporteurs émettaient la crainte que ceux-ci, à la fin d'une instruction « troublée par les injures et les calomnies », n'eussent plus le calme et la liberté morale indispensables pour faire office de juges. Dès lors, dans l'intérêt même de l'autorité de la décision à intervenir, il était sage de n'en pas laisser à la Chambre criminelle la responsabilité exclusive.

La « loi de dessaisissement » fut vivement critiquée dans les deux Chambres, à la fois par nombre de radicaux, maintenant acquis à la cause de la revision, et par des modérés que choquait le défi jeté à tous les principes du droit; ce débat fut le premier indice du déclassement complet des anciens partis, opéré par l'affaire Dreyfus.

La Commission de la Chambre se montra nettement hostile; elle joignit à son rapport la publication de l'enquête Mazeau, qu'elle avait fait compléter et qui lui paraissait la justification éclatante de la Chambre criminelle. Dans le débat public, le rapporteur Renault-Morlière, Millerand, Camille Pelletan firent entendre la voix de la justice, mais les chefs de groupes se turent et le Garde des sceaux invita les députés « à se reporter par l'esprit dans leurs circonscriptions respectives. » Dupuy assura que la loi était une mesure d'apaisement. Il fallait que l'arrêt à intervenir eût une telle force qu'il ne trouvât pour le contester que « des fous ou des révoltés ». D'ailleurs, ajoutait-il ironiquement, pourquoi les revisionnistes, si sûrs de leur affaire, craignaient-ils que la Cour de cassation ne désavouât la Chambre criminelle? L'évidence qu'ils invoquaient était-elle d'une nature si spéciale? Ces arguments portèrent, et surtout la crainte de provoquer une crise ministérielle. La loi fut votée à la Chambre par 326 voix contre 106 (10 février); elle le fut aussi, malgré l'énergique résistance de Bérenger et de Waldeck-Rousseau, au Sénat, sur un rapport lamentable de Bisseuil qui osa parler de « suspicion légitime » (28 février).

Dans l'intervalle de ces deux votes, un nouveau coup de théâtre se produisit: la mort subite du Président Félix Faure (16 février). Avec lui disparaissait un des obstacles les plus cachés, mais les plus efficaces à l'œuvre de revision. Le Congrès fut aussitôt réuni. Les hommes politiques les plus en vue, qui avaient été plus ou moins compromis par l'affaire Dreyfus (Méline, Brisson, Dupuy), refusèrent toute candidature; le choix du Congrès se porta sur le président du Sénat, Emile Loubet. Loubet avait gardé jusque-là et continua à garder une attitude très réservée. Néanmoins, comme on le savait favorable à la revision, comme il était l'élu du Sénat et des revisionnistes de la Chambre, son avènement déchaîna la fureur des nationalistes, antisémites et réactionnaires. Dès son retour de Versailles, le nouveau Président, mal protégé par son ministère, fut conspué par la populace.

Royalistes et césariens crurent arrivée l'heure du coup de force qu'on annonçait depuis si longtemps. Aux obsèques de Félix Faure (23 février), une tentative se produisit : les chefs de la Ligue des Patriotes, Paul Déroulède et Marcel Habert, cherchèrent à entraîner vers l'Elysée la brigade du général Roget, à défaut de celle de Pellieux qu'ils attendaient. Roget, témoin passionné, mais soldat discipliné, passa son chemin et ramena ses troupes à la caserne de Reuilly; les deux agitateurs furent arrêtés (1).

La Chambre criminelle avait terminé son enquête le 9 février. Aussitôt après le vote de la loi de dessaisissement, elle passa la main à la

(1) Dupuy, au lieu de les traduire devant la Haute-Cour, rapetissa leur tentative aux proportions d'un simple délit de presse, malgré leurs protestations; le 31 mai, le jury de la Seine les acquitta. En revanche, Dupuy, pour affirmer son impartialité, poursuivit toutes les « Ligues », y compris celle des Droits de l'Homme pour infraction à la loi sur les associations et obtint une condamnation dérisoire.

Cour de Cassation tout entière (1). Mme Dreyfus voulut récuser les trois conseillers qui avaient fait partie de la Commission consultative réunie par Sarrien, mais quoique dans la discussion de la loi au Sénat le rapporteur Guérin eût formellement admis le principe de cette récusation, les trois conseillers insistèrent pour siéger, et la Cour rejeta la requête. Ce vote parut confirmer les espérances que les anti-revisionnistes fondaient sur la loi de dessaisissement.

La Cour de Cassation accepta en bloc les résultats de l'enquête de la Chambre criminelle, qui furent imprimés à son usage, entendit quelques nouveaux témoins, et se fit représenter par Chamoin les dossiers secrets militaire et diplomatique. Elle était encore plongée dans cette étude, lorsque le *Figaro* réussit à se procurer et commença à publier à partir du 31 mars les procès-verbaux complets de l'enquête de la Chambre criminelle (2). La divulgation anticipée d'actes de procédure

(1) Le 3 mars, elle rendit son arrêt sur le règlement de juges de Picquart. La justice civile resta seule saisie des accusations de faux, usage de faux, communication des dossiers Dreyfus et Esterhazy à Leblois ; la justice militaire garda les affaires « Boulot » et « pigeons voyageurs ». Picquart fut alors réintégré à la prison de la Santé.

(2) Les procès-verbaux de l'enquête avaient été imprimés à 80 exemplaires, communiqués confidentiellement aux conseillers de la Cour de Cassation et à la Chancellerie. Le texte publié par le *Figaro* était la copie faite au jour le jour des procès-verbaux originaux dont Mathieu et Labori avaient eu connaissance. L'intermédiaire avec le *Figaro* fut le dramaturge Victorien Sardou, mis en mouvement par J. Reinach, et qui ac-

étant interdite, le journal fut condamné à une amende de 500 francs, mais la publication ne fut pas interrompue.

L'effet en fut considérable. Pour la première fois le grand public avait sous les yeux à peu près tous les éléments de l'affaire, et pouvait se faire une opinion en connaissance de cause et non plus sur de simples impressions. Or, le résultat dominant de l'enquête, c'était l'effondrement des prétendues preuves de la culpabilité de Dreyfus tirées du dossier secret. Redoutables dans l'ombre, ses 373 pièces s'étaient évanouies à la lumière, comme un fantôme sur lequel on marche, la bougie à la main. Pas une n'avait résisté à un examen impartial, et, chemin faisant, beaucoup de documents avaient été reconnus faux ou maquillés. Une des altérations les plus caractéristiques qui se révélèrent fut celle d'une déposition, ou plutôt d'une conversation du mathématicien Painlevé. Son collègue Hadamard, cousin par alliance de Dreyfus, causant avec lui, avait dit un jour que, malgré les racontars des journaux sur la vie privée du capitaine, la famille ne doutait pas de son innocence. Ce propos insignifiant, rapporté par Painlevé à son collègue d'Ocagne, et par d'Ocagne à Gonse, devint, dans le dossier secret, l'affirmation de la culpabilité de Dreyfus par la propre famille du condamné!

Les porte-parole de l'Etat-major, le capitaine Cuignet, Cavaignac, et surtout le général Roget, qui depuis juillet 1898 avait fait une étude pro-

---

cepta courageusement la responsabilité éventuelle de son acte.

longée, et néanmoins superficielle, du dossier, fondaient leur argumentation principalement sur le contenu du bordereau. Ils s'efforçaient de montrer que les documents énumérés dans cette pièce avaient tous pu être livrés par Dreyfus et n'avaient pu être livrés que par lui.

Mais, en vérité, on ignorait le sujet exact et la valeur de ces documents, on ne bâtissait que sur des hypothèses, et ces hypothèses trouvèrent dans l'autre camp des contradicteurs aussi ferrés, aussi bons dialecticiens que leurs adversaires: les commandants Hartmann et Ducros, le capitaine Moch, le général Sébert. L'admirable déposition de Picquart, délivré des réticences qui l'avaient entravé au procès Zola, résumait avec une sincérité lumineuse et un atticisme élégant toutes les preuves de la culpabilité d'Esterhazy. D'autre part, l'attribution matérielle du bordereau à Dreyfus se heurtait à la déclaration des nouveaux et éminents experts commis par la Chambre criminelle (Paul Meyer, Giry, A. Molinier), qui étaient unanimes à y reconnaître la main d'Esterhazy; Charavay, l'un des experts qui avaient conclu contre Dreyfus, mis en présence de l'écriture d'Esterhazy, avoua ne pas pouvoir « maintenir dans les mêmes termes les conclusions de son rapport de 1894 ». Il y avait plus: une perquisition faite, à la suite d'un avis anonyme, par le conseiller délégué Laurent Athalin, avait, dès le commencement de novembre, mis la Cour de cassation en possession de deux lettres incontestables, avouées, d'Esterhazy, contemporaines du bordereau et écrites sur le même *papier pelure* que ce document: or, ce papier, on en avait vainement cherché des échantillons chez Dreyfus, et, en 1897, Esterhazy avait nié s'en être jamais servi.

Restait le chapitre des aveux censément recueillis par Lebrun-Renault et entendus par le capitaine d'Attel. D'Attel était mort, après avoir fait son récit à son camarade Anthoine; Lebrun-Renault était vivant, mais ni sa mémoire n'était fidèle, ni son calepin subsistant; ses souvenirs, tantôt vagues, tantôt visiblement rafraîchis, se heurtaient à la dénégation de Dreyfus lui-même. Interrogé à l'île du Diable, Dreyfus se rappelait fort bien la visite *in extremis* de Du Paty et l'allusion qu'il y avait faite en parlant à Lebrun-Renault, le jour de la parade d'exécution. C'était Du Paty et non pas Dreyfus qui avait prononcé le mot d'amorçage ; Dreyfus avait au contraire repoussé avec indignation cette hypothèse, et c'est ce qu'il avait redit à Lebrun en ajoutant : « Le ministre sait que je suis innocent. »

Les Chambres réunies au cours d'une enquête supplémentaire ordonnée le 18 avril coulèrent à fond la question de la dépêche Panizzardi du 2 novembre 1894, déjà élucidée par la Chambre criminelle. On se rappelle que cette dépêche, péniblement déchiffrée au quai d'Orsay, était tout à la décharge de Dreyfus, puisqu'elle attestait que Panizzardi ignorait jusqu'à l'existence de celui-ci. Mais le ministère de la Guerre n'avait pas pu, ou n'avait pas voulu sérieusement en obtenir le texte exact du ministère des Affaires étrangères ou de l'administration des Postes; au lieu de ce texte, dicté de mémoire par Paléologue à Henry (1), mais

(1) Fin avril 1898 (*Cassation*, I, 390).

supprimé par celui-ci, figurait dans le dossier militaire secret une version absolument imaginaire, reconstituée de mémoire en 1898 par Gonse, Du Paty et Henry, et qui faisait de Dreyfus un agent de l'Allemagne : « Le capitaine Dreyfus est arrêté. Le ministère de la Guerre a la preuve de ses relations avec l'Allemagne. Toutes nos précautions sont prises ».

Le ministère des Affaires étrangères avait naturellement versé au dossier la traduction authentique. Dès le 5 janvier, le commandant Cuignet, déposant devant la Chambre criminelle, avait fait allusion à l'autre, qu'il paraissait reprocher au gouvernement d'avoir dissimulée (1). Là-dessus, Paléologue, déposant au nom de Delcassé (9 janvier), rétablit la vérité des faits. Le commandant Cuignet ne se tint pas pour battu et revint à l'assaut devant la « Commission des doyens », chargée d'examiner les accusations de Quesnay de Beaurepaire contre la Chambre criminelle. A la suite de cette nouvelle attaque, Paléologue reparut le 29 mars devant les Chambres réunies, communiqua le décalque du télégramme original, et déclara que la pièce « reconstituée » n'était pas seulement *erronée*, mais *fausse*. Il s'ensuivit d'abord une protestation embrouillée du général Chamoin, délégué de la Guerre, puis une correspondance assez aigre entre les deux administrations. Cependant, le 27 avril, le commandant Cuignet et le général Chamoin, au nom du ministère de la Guerre, signèrent un procès-verbal où ils recon-

(1) *Cassation*, I, 363.

naissaient l'exactitude de la traduction officielle (1).

Cet incident eut son contre-coup au Parlement. Le 5 mai, Freycinet, dégoûté, donnait assez brusquement sa démission de ministre de la Guerre, sous prétexte que la gauche avait mal accueilli ses explications relatives à un autre épisode de la bataille sur la revision, la suppresion du cours de George Duruy (2). Il fut remplacé par Krantz, jusqu'alors ministre des Travaux publics. Un député, Lasies, déclara que la véritable cause de cette démission était l'incident Paléologue, et presque aussitôt (12 mai) le *Petit Journal* publiait la correspondance échangée à ce sujet entre les deux ministères : elle lui avait été portée par le juge Grosjean, qui la tenait lui-même du commandant Cuignet. Cuignet fut, pour cette indiscrétion, frappé de la mise en disponibilité, et, quand Delcassé raconta tout l'incident à la Chambre, il se trouva une forte majorité pour l'approuver.

Ainsi, malgré les préventions notoires que bon nombre de conseillers (3) avaient apportées à l'exa-

(1) Ils signèrent aussi une note établissant — ce que nul ne contestait — que le texte du télégramme chiffré n'était pas de la main de Panizzardi. De là une équivoque qui a permis à des polémistes de mauvaise foi de parler à diverses reprises du « faux Panizzardi ».

(2) Duruy, professeur à l'Ecole polytechnique, avait écrit dans le *Figaro* d'éloquents articles où, dans l'intérêt même de l'armée, il se prononçait pour la revision. Ses élèves le sifflèrent et furent « réprimandés », mais le cours fut suspendu. Krantz le fit rouvrir.

(3) Parmi les plus passionnés, il faut signaler Crépon, Sevestre et Sallantin dont les interventions pri-

men du dossier, l'enquête des Chambres réunies ne faisait que confirmer d'une manière éclatante les résultats de l'enquête de la Chambre criminelle. Magistrats avant tout, les juges de la Cour de Cassation s'inclinèrent devant l'évidence des faits. Le président de la Chambre civile, Ballot-Beaupré, fut chargé du rapport. Il en donna lecture dans l'audience publique du 29 mai. Après avoir résumé habilement le pour et le contre, écarté les aveux et le dossier secret, il se cantonna dans l'examen du bordereau. Insistant sur le fait nouveau qui résultait de la découverte des lettres d'Esterhazy sur papier pelure, il déclara « en son âme et conscience » que le bordereau était l'œuvre d'Esterhazy. Cette preuve une fois acquise, si elle ne permettait pas de revenir sur l'acquittement d'Esterhazy, suffisait, selon lui, à rendre probable l'innocence de Dreyfus.

On revenait ainsi, d'une manière indirecte et armé d'une preuve nouvelle, au résultat que Mathieu Dreyfus et Scheurer-Kestner avaient visé un an auparavant en cherchant à faire condamner Esterhazy pour trahison. Ballot-Beaupré concluait à la cassation de l'arrêt de 1894 et au renvoi de Dreyfus devant un Conseil de guerre. Le procureur général Manau, dans son réquisitoire, qu'il prononça les jours suivants, retenait toute une série d'autres « faits nouveaux »; le faux d'Henry viciant son témoignage de 1894, la nouvelle date attribuée au bordereau, la circulaire du 17 mai 1894, avisant les stagiaires d'Etat-major qu'ils

rent souvent un caractère pénible de violence, inspirée par la politique.

n'iraient pas aux manœuvres, la dépêche Panizzardi du 2 novembre 1894, etc. L'avocat Mornard, qui fit une magistrale plaidoirie pour Dreyfus, comme il avait déposé pour lui un mémoire lucide, réclama, au nom de son client, le Conseil de guerre : condamné par ses pairs, Dreyfus voulait être réhabilité par eux.

La Cour de Cassation entra en délibération. Le 3 juin, elle rendit, à l'unanimité, son arrêt longuement motivé. Elle écartait d'abord les fins de non recevoir tirées soit du dossier secret, soit des prétendus aveux de Dreyfus, qu'elle jugeait non établis et invraisemblables. Elle retenait deux faits nouveaux : l'un, sur lequel tous étaient d'accord, les expertises et constatations nouvelles tendant à démontrer que le bordereau n'aurait pas été écrit par Dreyfus ; l'autre, au contraire, tout à fait imprévu, et que le premier Président Mazeau s'était efforcé d'écarter des débats en étranglant la déposition du capitaine Freystætter, l'un des juges de 1894. Ce second fait, c'était la communication secrète faite aux juges de Dreyfus d'un dossier où figurait la pièce « Canaille de D », considérée maintenant par tout le monde comme inapplicable à Dreyfus. Quant au fait même de la communication, il résultait, pour la Cour, du silence où s'était renfermé à cet égard le général Mercier, et de la déclaration expresse de Casimir-Perier (1). En conséquence, la Cour annulait l'ar-

(1) La Cour, en ordonnant une enquête supplémentaire (18 avril) avait écarté la question de la communication des pièces secrètes comme étrangère à sa mission. Son insertion dans les considérants de l'arrêt fut

rêt de 1894 et renvoyait Dreyfus, pour être jugé à nouveau, devant le Conseil de guerre de Rennes.

La veille même de cet arrêt, Esterhazy, réfugié de nouveau à Londres, déclarait formellement à un rédacteur du *Matin*, Serge Basset, qu'il était bien l'auteur du bordereau. Seulement, il prétendait l'avoir écrit « par ordre », pour fournir à son ami, le colonel Sandherr, une preuve matérielle contre le traître Dreyfus. Or, Esterhazy était si peu l'ami de Sandherr, que, du propre aveu d'Henry, on ne l'avait vu au bureau qu'une seule fois, en 1895, où il était venu porter un renseignement « recueilli par hasard ».

suggérée par les conseillers les plus réfractaires à la revision et adoptée malgré Ballot-Beaupré. Elle devait avoir la déplorable conséquence de donner au nouveau procès l'apparence d'un duel entre Dreyfus et Mercier.

XIV

Ainsi, après dix-huit mois d'une lutte semée de péripéties tragiques, on paraissait toucher au but. La plus haute juridiction du pays, consultée dans son ensemble pour la première fois dans notre histoire judiciaire, avait prononcé. Après cet arrêt solennel, tombant de si haut, longuement médité, longuement motivé, il semblait, selon le mot de Dupuy, que seuls « les fous et les révoltés » pussent continuer la résistance. Sans doute, la Cour de cassation ne s'était pas cru le droit de juger définitivement le fond du procès, mais les présomptions qu'elle avait réunies en faveur de l'innocence de Dreyfus étaient si fortes que, de l'avis de la plupart, à cette heure, le jugement du Conseil de guerre de Rennes ne semblait devoir être qu'une simple formalité, destinée à procurer à Dreyfus la réparation suprême : la réhabilitation par ses pairs.

C'est ainsi que les choses se seraient passées en temps normal, mais le vent de folie qui passait sur la France n'était pas encore tombé. Après les mensonges et les outrages accumulés depuis deux ans, après le travail d'exacerbation réciproque accompli par la presse extrême des deux camps, l'armée, surexcitée, froissée et mortifiée, en était arrivée à faire reposer son propre honneur sur le maintien et le renouvellement de la condamnation d'un des siens. D'une question de droit elle faisait une question de puissance. « La Cour de Cassation n'aura pas le dernier mot », disait un général, et combien d'autres pensaient comme lui ! Et puis, la calomnie n'avait pas épargné les juges. Comme l'avait prévu Renault-Morlière, la loi de dessaisissement n'avait eu d'autre effet que d'étendre à la Cour de Cassation tout entière les soupçons et les invectives naguère réservés à la seule Chambre criminelle (1).

La colère des antirevisionnistes, dans les premiers jours qui suivirent l'arrêt, s'épancha d'abord en injures et en manifestations tapageuses. Le président Loubet fut surtout pris à partie. On le traitait de *panamiste*, pour avoir jadis cherché à circonscrire le scandale du Panama, de Dreyfusard pour n'avoir pas entravé l'œuvre de réparation. Le 4 juin, aux courses d'Auteuil, il fut hué par les membres des cercles élégants, et un sportsman échauffé, le baron Christiani, escaladant la tribune présidentielle, lui enfonça son chapeau d'un coup de canne. De cet acte brutal et puéril, qui fit en quelque sorte déborder la coupe, sortit le mouvement formidable de « défense républicaine ». Mais ce n'était pas le cabinet Dupuy qui devait y présider.

Ce ministère de bascule, après avoir consciencieusement travaillé à retarder ou à empêcher l'œu-

(1) Ce déchaînement justifiait la parole du pape Léon XIII à Boyer d'Agen : « La vraie accusée ne serait-elle pas la République ? » (J. Reinach, *op. cit.*, V, 37.)

vre de justice, l'acceptait maintenant avec une sorte d'allégresse apparente, et se donnait l'air d'en vouloir tirer les conséquences les plus extrêmes. Non seulement il envoyait ordre au croiseur *Sfax*, stationné à la Martinique, d'aller aussitôt chercher Dreyfus pour le ramener en France, mais il déférait Pellieux à un conseil d'enquête pour certains détails de son instruction, annonçait des poursuites contre Esterhazy en raison de l'affaire du « document libérateur ». A l'heure où Picquart, bénéficiant d'un non-lieu, allait enfin sortir de prison (1), Du Paty y entrait à son tour sous l'inculpation d'avoir participé au faux Henry : accusation téméraire, lancée par le commandant Cuignet, et qui aboutit à un pitoyable échec (2). Le 5 juin, au lendemain de l'attentat d'Auteuil, Dupuy laissait voter par la Chambre l'affichage de l'arrêt de la Cour de Cassation, réponse logique à l'affichage du discours de Cavaignac; en même temps, il demandait à la Chambre d'examiner s'il y avait lieu d'intenter devant le Sénat des poursuites contre le général Mercier, en raison de la communication secrète faite aux juges de 1894 (3).

---

(1) 9 juin. Il restait justiciable du Conseil de guerre pour les affaires Boulot et « pigeons voyageurs ».

(2) Non-lieu du 31 juillet. Au procès de Rennes, Du Paty, malade, ne déposa que par commission rogatoire.

(3) Le texte rédigé par Dupuy ne visait que les articles 114 et suivants du Code pénal (actes arbitraires ou attentatoires à la liberté des citoyens). Il ignorait la destruction, avouée par Mercier, d'actes de procédure (biographie de Dreyfus, commentaire de Du Paty), fait prévu et puni par l'article 255 du Code pénal.

La Chambre était toujours celle qui avait acclamé Cavaignac et renversé Brisson. Elle hésita à s'engager dans la voie de représailles où la conviait Dupuy. Un savant procédurier, Ribot, se trouva à point nommé pour affirmer que l'intervention du ministère empiétait sur la prérogative de la Chambre. Pourquery de Boisserin proposa l'ajournement de toute discussion à ce sujet jusqu'à ce que le Conseil de guerre eût statué. Cette proposition rallia la majorité. Personne ne fit observer qu'en liant ainsi le salut de Mercier à la nouvelle condamnation de Dreyfus, on faussait d'avance le caractère du procès de Rennes : d'un simple débat judiciaire, on faisait un duel inégal entre un capitaine et un général soutenu par la haute armée presque entière (1).

Le cabinet Dupuy, dont la brutalité et la lourde malice s'accompagnaient d'imprévoyance, fut culbuté le 12 juin et les groupes de gauche devant les intempérances de langage croissantes des officiers de droite et des antimilitaristes d'extrême-gauche, devant le danger de plus en plus menaçant d'un pronunciamento, décidèrent de ne soutenir qu'un ministère de « défense républicaine ». Son enfantement fut des plus laborieux. Enfin, le 22 juin, Waldeck-Rousseau réussissait à constituer un cabinet où il avait su associer dans un mariage d'apparence paradoxale le collectiviste Millerand et le général de Galliffet. Le nouveau ministère se dé-

(1) « C'est à choisir : Dreyfus ou les grands chefs. » (Barrès, *Journal* du 4 juillet 1899.) « Si Dreyfus est innocent, les généraux sont des scélérats. » (Déroulède, discours du 16 juillet.)

clarait décidé à faire respecter tous les arrêts et à exiger de l'armée, où se multipliaient les défis arrogants au pouvoir civil, une discipline inflexible; il souligna cette déclaration en déplaçant ou en frappant divers généraux et magistrats. Une circulaire de Galliffet prononcait : « Silence dans les rangs. »

L'opposition baptisa le ministère Waldeck-Rousseau du nom de ministère Dreyfus, comme si la seule pensée qui eût pu réunir dans un effort commun des esprits si différents était « l'acquittement du traître ». En réalité, le cabinet, quoique composé en majorité de partisans convaincus de l'innocence de Dreyfus, cédant à un scrupule de correction, à un excès d'optimisme chez quelques-uns, ou à un raffinement de tactique que ses adversaires devaient *in petto* qualifier de naïveté, crut devoir ne peser en rien sur la balance de la justice militaire, alors que dix généraux coalisés y jetaient leurs épées.

On laissa carte blanche au général de Galliffet; celui-ci endormit ses collègues par des assurances fanfaronnes, poussant la confiance en son prestige jusqu'à garder autour de lui le cabinet nettement antirevisionniste de son prédécesseur ; de même il laissa en fonctions le personnel du « bureau des renseignements », toujours enragé contre Dreyfus et qui dissimula plusieurs pièces qui auraient dû être versées au procès. Galliffet, soldat énergique et brave, causeur spirituel, n'avait rien d'un homme d'Etat ni d'un jurisconsulte : il ne connaissait pas, il ne voulut jamais connaître le dossier Dreyfus; il ne s'intéressait qu'au colonel Picquart qu'il avait eu pour officier d'ordonnance, et désirait ménager le général Mercier, qui, en 1894, l'avait tiré d'un mauvais pas où l'avait mis un propos imprudent. Il crut concilier ses sympathies contradictoires en s'abstenant.

Le commissaire du gouvernement auprès du Conseil de guerre de Rennes, qui avait donné dès le début des preuves d'indiscrétion et de sottise, demandait une direction précise, un avocat consultant : on les lui refusa, après avoir renoncé, de prime abord à lui imposer des réquisitions écrites favorables à l'accusé. Il s'adressa alors à un avocat réactionnaire, Jules Auffray, clérical fanatique, qui l'endoctrina de son mieux. La neutralité apparente du gouvernement encouragea les propres représentants du ministre de la guerre au procès (les généraux Deloye et Chamoin) à se faire par moments les auxiliaires et même les complices de l'ancien Etat-major qui les avait élevés. Personne dans l'armée ne croyait à la durée du ministère actuel, et, en flattant le passé, on croyait s'assurer l'avenir. Lorsqu'à la dernière heure, Waldeck-Rousseau, en face de la catastrophe inévitable, songera à un recours éventuel devant la Cour de Cassation pour non-application de la loi, ce sera le ministre de la guerre lui-même qui arrêtera sa main en évoquant cette antithèse théâtrale : « D'une part l'armée, la majorité des Français et tous les agitateurs ; de l'autre le ministère, les dreyfusards et l'étranger ». (Lettre du 8 septembre 1899.)

Le croiseur *Sfax*, chargé de ramener Dreyfus en France, le débarqua le 1er juillet, sur la plage déserte de Port Haliguen, près de Quiberon. Jeté à la côte par une baleinière, dans une nuit de tempête, il fut transféré dans la prison militaire de Rennes. Après cinq années de tortures physiques et morales auxquelles il n'avait survécu que par un miracle de volonté, le malheureux était arrivé à un effrayant état d'épuisement corporel et cérébral. Sa parole était hésitante, il vivait de biscuits et de lait, la fièvre le reprenait sans cesse. Son entrevue déchirante avec sa femme faillit l'anéantir. En cinq semaines, les avocats choisis par sa famille, Demange et Labori, le mirent tant bien que mal au courant des prodigieux événements survenus pendant son absence; mais son attitude au cours du procès prouva combien il avait de peine à s'en rendre pleinement compte : pendant longtemps il s'obstina à croire que c'était le général de Boisdeffre, si ardemment sollicité par lui, qui avait provoqué la revision!

Ce procès, qui devait se dérouler pendant un mois dans une atmosphère enfiévrée de passions politiques, de haines religieuses, de sordides calculs, de légendes et de rumeurs de toute sorte, avec un appareil théâtral propre à frapper et à échauffer les esprits, s'ouvrit le 7 août dans une salle du lycée de Rennes. Le Conseil de guerre était entièrement composé d'officiers d'artillerie, sauf le président, le colonel Jouaust, qui appartenait à l'arme du génie : bourru bienveillant, mais qui exagéra une rudesse d'apparat, frisant l'hostilité. Le commandant Carrière, représentant le ministère public, était un ancien gendarme retraité, qui à 64 ans s'était mis à apprendre le droit. Conformément à la loi, telle que l'interprétait Carrière, l'acte d'accusation fut celui de 1894; mais la question posée au Conseil était simplement de savoir si Dreyfus avait *livré* les documents énumérés dans le bordereau. Il semblait donc qu'on ne dût entendre que des témoins en état de déposer sur ce point très limité, et que, pour le reste, le tribunal dût s'en rapporter aux résultats de l'enquête et à l'arrêt de la Cour de Cassation.

C'est en ce sens que le ministre avait donné ses premières instructions, mais elles ne furent respectées ni par le commissaire du Gouvernement, ni par le tribunal, ni par la défense. Dès la première heure, le président Jouaust déclara qu'il n'avait pas à s'occuper des décisions d'une « autre juridiction » : l'affaire allait donc recommencer en quelque sorte à bois neuf. Aussi revit-on à Rennes l'interminable défilé des témoins qu'on avait déjà entendus au procès Zola et à la Cour de Cassation : beaucoup n'apportaient que des opinions, des suppositions, parfois même des commérages absolument étrangers à la question. Il en était ainsi surtout du groupe de témoins nouveaux désignés au colonel Jouaust par Quesnay de Beaurepaire — qui s'était érigé de son autorité privée en une sorte de « procureur général *in partibus* de l'Affaire » (1) — et qu'on s'empressa de citer. En revanche, les aveux renouvelés d'Esterhazy, entremêlés, il est vrai, de mensonges, furent tenus pour nuls et non avenus : cuisiné par un émissaire spécial, il n'usa pas du sauf-conduit qui lui avait été délivré pour Rennes.

(1) J. Reinach, *Histoire*, V, 222. On lira dans le même ouvrage la burlesque mystification dont il fut l'objet de la part d'un certain Lalmand (Karl) qui lui extorqua de l'argent sous prétexte de lui apporter des documents foudroyants.

L'attitude des témoins militaires, des généraux surtout, était celle de soldats à la bataille. Ils formaient un groupe compact, qui opérait cette fois sous la direction du général Mercier, retraité depuis quelques mois. Non contents de prononcer de véritables réquisitoires, ils intervenaient à tout moment dans le débat, pour intimider ou diffamer les témoins de la défense, notamment le commandant Freystætter, le seul juge de 1894 qui parlât net. Le président, pénétré du respect hiérarchique, leur témoignait autant de déférence que de sécheresse à Dreyfus. Le travail du prétoire se poursuivait dans les conciliabules du Cercle Militaire. Des lieutenants de Mercier, en tête le colonel Villebois-Mareuil, qui, deux ans plus tard, devait mourir héroïquement au Transvaal, catéchisaient les juges ; certainement on leur glissa dans l'oreille d'effrayants secrets qu'on n'osait pas apporter à la barre. Les questions posées par l'un des juges prouvent qu'on leur avait parlé du prétendu bordereau sur papier fort, annoté par l'empereur allemand ; on raconta que Mercier en portait une photographie sous sa chemise (1). On recommençait ainsi avec plus d'hypocrisie le coup de la pièce secrète de 1894.

Le gouvernement laissait faire n'ayant d'yeux

---

(1) Récit de Ferlet de Bourbonne (*Fronde*, 20 décembre 1900). Tout cela se réduisait, en réalité, à un racontar du vieux colonel Stoffel qui dit à Mercier avoir *vu* la photographie d'une lettre de Guillaume II à Munster, mentionnant « cette canaille de D. ». Faux trop manifeste pour être exhibé et qui n'opérait que derrière la coulisse.

et d'oreilles que pour les conspirations puériles des royalistes et des nationalistes, qui méditaient, dit-on, un coup de force, le jour de la déposition du général Mercier. Le 12 août, en plein procès, il procéda à l'arrestation de leurs principaux chefs qui furent traduits devant le Sénat, érigé en Haute-Cour, sous l'inculpation de complot contre la sûreté de l'Etat (1).

Les débats de Rennes commencèrent par l'interrogatoire assez terne de Dreyfus : il discuta serré, mais d'une voix blanche, et pas plus qu'en 1894 ne chercha les gestes, les accents pathétiques qu'attendait l'auditoire. On jugea exagérée la correction où il se roidissait vis-à-vis de ses supérieurs : peu de gens se rendirent compte de l'effort héroïque de volonté que supposait une pareille attitude (2).

Quelques audiences à huis-clos (8-11 août) furent consacrées à l'examen des dossiers secrets, militaire et diplomatique. Le général Chamoin, délégué du ministère de la Guerre, y glissa de nou-

(1) Après deux mois de débats, semés de scènes tumultueuses, la Haute Cour condamna (4 janvier 1900) André Buffet et Déroulède à 10 ans de bannissement; Guérin (saisi après un siège régulier dans son « fort Chabrol ») à 10 ans de détention. Un peu plus tard, Marcel Habert obtenait, à son tour, cinq ans de bannissement.

(2) Lorsque, dans une séance dramatique, il cria à Mercier (qui se déclarait prêt à se rétracter si l'évidence était faite) : « Vous devriez le faire », le comédien Antoine présent à l'audience s'exclama : « Ah! l'idiot! comme j'aurais hurlé cela!. » (*Mémoires* de Mathieu Dreyfus.)

veau une fausse traduction de la dépêche Panizzardi, que lui avait remise Mercier avec un commentaire de Du Paty. A la réflexion, il reconnut sa faute et s'en confessa en séance publique, se bornant d'ailleurs à plaider « le feu de la conversation »; aucun blâme ne lui fut adressé et, malgré les instances des revisionnistes, le gouvernement se refusa à faire arrêter le véritable auteur de la félonie. La déposition du général Mercier (12 août), qu'il fit imprimer et distribuer aux juges, était à la fois un plaidoyer *pro domo sua* et un réquisitoire subtil quoique rempli de contradictions, d'équivoques et de mensonges; sauf de nuageuses allusions, elle restait muette sur le fameux « bordereau annoté » que les fanatiques le sommaient de produire sans souci des conséquences; elle s'étendait en revanche sur une prétendue « nuit tragique » qu'il plaçait quinze jours avant le procès Dreyfus et où, à la suite d'une démarche de l'ambassadeur allemand, C. Perier, Dupuy et Mercier auraient veillé jusqu'à minuit « attendant si la paix ou la guerre allait en sortir ».

En somme, cette déposition n'apporta aucun fait, aucun document nouveau, si ce n'est une vieille note de l'attaché militaire autrichien Schneider, que Mercier s'était procurée par des moyens peu avouables, et où ce diplomate déclarait persister « à croire » à la culpabilité de Dreyfus. La note était de 1895 ou 1896, mais Henry en avait falsifié la date en y inscrivant « 30 novembre 1897 », alors qu'il était notoire qu'après la découverte de l'écriture d'Esterhazy l'attaché autrichien avait changé d'opinion ! (Celui-ci s'empressa de le déclarer par la voie de la presse.)

Appelé à s'expliquer sur son rôle en 1894, Mercier avoua cette fois sans ambages la communication du dossier secret, tout en contestant qu'il y eût inséré la fausse traduction du télégramme Panizzardi : il se fit honneur de son acte et se déclara prêt, le cas échéant, à recommencer.

Le 14 août, un inconnu, qui réussit à s'échapper, tira un coup de revolver sur Labori et le blessa sérieusement au dos. Pendant plusieurs jours, le vaillant avocat dut s'absenter de l'audience. Ce crime odieux ne fit cependant pas renvoyer les débats; la loi ne permettait pas de les suspendre.

Il serait fastidieux d'entrer dans le détail des 115 témoignages qui n'occupèrent pas moins de 23 audiences. Citons parmi les plus remarqués ceux de Casimir Perier, surtout préoccupé de faire reconnaître qu'il n'avait, en 1894, pris aucun « engagement » au sujet de la publicité des débats, de Freystætter, en contradiction violente avec Mercier, de Charavay qui, presque mourant, vint loyalement reconnaître son erreur de 1894, et naturellement celui du colonel Picquart. Bertillon répéta, en l'aggravant de complications nouvelles, son système de l'autoforgerie du bordereau; ces « élucubrations fantaisistes », comme disait le général Sebert, trouvèrent un commentateur enthousiaste dans le capitaine Valerio.

A la dernière heure, le colonel Jouaust, usant de son pouvoir discrétionnaire, fit entendre, sans lui déférer le serment, un étranger, le Serbe Czernucky, ancien officier autrichien. Ce personnage, qui passait à Vienne pour un aliéné et à Paris pour un escroc, raconta en séance publique, puis confirma à huis-clos, qu'un chef de bureau et un officier d'Etat-major « d'une puissance de l'Europe Centrale » lui avaient certifié en 1894 que Dreyfus était un des quatre espions français qui renseignaient l'Allemagne. Labori s'empara aussitôt de ce racontar pour exiger que, par compensation, on fît recueillir le témoignage de Schwarzkoppen et de Panizzardi (1) et réclamer au gouvernement allemand les notes du bordereau : le gouvernement se déclarait disposé à cette dernière démarche, mais le président Jouaust refusa de l'en prier et passa outre. Quant au gouvernement allemand qui, malgré les instances de Waldeck s'était jusqu'alors refusé à toute intervention, il fit aussitôt insérer dans son Journal Officiel une note qui renouvelait en termes formels la déclaration faite le 24 janvier 1898 par le ministre Bülow, affirmant qu'il n'avait jamais entretenu avec Dreyfus les moindres relations (8 septembre) (2).

Le réquisitoire incohérent, traînant et haché du commandant Carrière était principalement consacré à démolir le « système » du colonel Picquart. Il affirmait avoir eu d'abord l'espoir de démontrer

(1) Celui-ci avait télégraphié dès le 17 août : « Sur mon honneur de soldat et de gentilhomme, je n'ai appris le nom du capitaine français qu'à l'époque de son arrestation. »

(2) En revanche, le chancelier se refusa à laisser interroger Schwarzkoppen par une Commission rogatoire « parce qu'il n'est pas à désirer que la France regagne par une réparation trop rapide et éclatante les sympathies des libéraux et des Israélites. » (Documents 1896-9 publiés par le Ministère des Affaires Etrangères allemand, 1923.)

l'innocence, mais « cette masse de témoins qui sont venus nous donner des renseignements et des opinions personnelles (!) » avaient renversé sa conviction. Labori, dont le tempérament orageux et ombrageux avait plus d'une fois impatienté son confrère, énervé d'ailleurs par sa blessure et par une succession d'incidents, renonça à la parole sur l'avis de plusieurs amis de Paris dont J. Reinach s'était fait l'interprète. La plaidoirie de Demange fut longue, touchante et d'une dialectique serrée; mais, dans l'espoir de détacher une voix hésitante, il exagéra la diplomatie et donna de l'eau bénite à tous les militaires, sans excepter le défunt colonel Henry; on eut l'impression qu'il plaidait le doute.

Carrière répliqua, demandant avec une apparente naïveté aux juges de grouper les témoignages en deux faisceaux et de les peser. Demange les supplia au contraire de ne pas élever à la hauteur d'une preuve « des possibilités et des présomptions », comme celles qu'on leur avait apportées.

Enfin, Dreyfus balbutia ces simples paroles : « Je suis absolument sûr, j'affirme devant mon pays et devant l'armée que je suis innocent. C'est dans l'unique but de sauver l'honneur de mon nom et du nom que portent mes enfants que j'ai subi pendant cinq années les plus effroyables tortures. Ce but, je suis convaincu que je l'atteindrai aujourd'hui grâce à votre loyauté et à votre justice. »

Une heure plus tard, il apprenait le verdict qui ruinait de nouveau ses espérances : par cinq voix contre deux (1), le Conseil de guerre le déclarait coupable, et immédiatement lui accordait les circonstances atténuantes auxquelles Carrière avait fait une allusion peu remarquée (2). On n'avait jamais entendu parler de circonstances atténuantes en matière de trahison. La peine prononcée était la détention pendant dix ans (9 septembre 1899).

(1) Celles, on le sait, du colonel Jouaust et du commandant de Bréon, fervent catholique, souscripteur du « monument Henry », mais conscience droite.

(2) Après coup, les juges demandèrent aussi que la répétition de la dégradation militaire fût épargnée au condamné.

XV

Un long frisson de stupeur parcourut le monde civilisé à la nouvelle de l'arrêt de Rennes, qui paraissait à la fois fondé sur le néant et contradictoire en ses conclusions. A l'étranger où, même dans les cours, l'opinion était presque unanime en faveur de l'innocence de Dreyfus, des manifestations bruyantes, parfois déplacées, se produisirent. En France, la presse revisionniste fit éclater sa colère ; même dans le camp opposé presque tout le monde fut ou se prétendit désappointé, sauf toutefois le général Mercier que ce dénouement paradoxal délivrait de la crainte de toute poursuite immédiate : n'était-ce pas là d'ailleurs le but principal qu'avait visé le « parti de l'Etat-major » ?

Le ministère, reconnaissant trop tard le fruit de son inertie, était douloureusement embarrassé sur le parti à prendre. Exécuter l'arrêt répugnait à la conscience de tous ses membres ; le déférer à la Cour de Cassation, sous prétexte que le Conseil de guerre avait outrepassé le mandat limité qu'il avait reçu de celle-ci, sembla, à la réflexion, impraticable : non seulement Galliffet combattit cette solution, mais Mornard montra qu'elle pouvait tout au plus aboutir à l'annulation de l'arrêt, non à une déclaration d'innocence.

Dans cette perplexité surgit l'idée de la grâce, de la grâce immédiate. Conçue spontanément par Waldeck-Rousseau, conseillée par J. Reinach, elle fut aussitôt acceptée par Mathieu Dreyfus. Aussi insolite en matière de trahison que les circonstances atténuantes accordées par le Conseil, la signification de la grâce, croyait-on, serait comprise : elle dégageait l'honneur du gouvernement devant la France et de la France devant l'Europe ; elle paraissait, en outre, dictée par la santé gravement compromise du condamné qui, après la violente tension de ses nerfs pendant le procès, semblait après l'arrêt comme effondré, à tel point que son frère affirmait qu'il ne pourrait supporter les souffrances d'une nouvelle réclusion.

Ainsi suggérée à la fois par l'humanité et par la politique, la grâce n'en fut pas moins âprement combattue par Clemenceau et plus mollement par Jaurès. Néanmoins le ministère tout entier, puis le Président de la République, se rallièrent à cette idée. Mais, pour que la grâce pût intervenir immédiatement, il fallait que Dreyfus se désistât de son pourvoi devant le conseil de revision. Ce pourvoi, quoique de pure forme, avait des chances de succès : le Conseil de guerre avait oublié de statuer sur la surveillance de la haute police, disposition impérativement exigée par la loi ; mais, en cas d'annulation, le nouveau Conseil de guerre n'aurait eu à statuer que sur ce point spécial, sans débat contradictoire : sa décision inévitable eut été interprétée par les adversaires comme une troisième condamnation. On comprend cependant combien ce désistement répugnait à la fierté du condamné : il ne s'y décida que sur les instances pressantes de son frère (12 septembre). C'était là, en somme, une simple formalité, mais la mauvaise foi des partis et la légèreté du général de Galliffet (1) devaient un jour l'interpréter comme l'aveu de son crime. Ce fut d'ailleurs la thèse immédiatement esquissée par Drumont et Judet, alors que Cassagnac voyait dans la grâce un « soufflet donné à l'armée ».

Pour conférer à cette mesure sa véritable portée et dissiper toute équivoque, il importait de faire vite et d'accompagner la grâce de considérants qui, sans accuser brutalement le conflit d'opinion entre l'Exécutif et le tribunal militaire, eussent laissé clairement transparaître la pensée du gouvernement. Cette double condition ne fut malheureusement pas remplie. D'abord des atermoiements firent retarder le décret d'une semaine entière : ils étaient dûs aux scrupules du président Loubet, qui ne voulait pas que la grâce parût dictée par la colère et qui dès ce moment désirait faire entendre que si l'on grâciait l'innocent, on devait aussi amnistier les coupables. Le 19 septembre seulement parut le décret présidentiel qui faisait à Dreyfus remise entière « du reste de sa peine » y compris la dégradation militaire : c'était le jour même où mourait le noble Scheurer-Kestner, que la maladie avait depuis longtemps éloigné de la lutte.

Le décret était précédé d'un rapport du ministre de la Guere qui ne faisait valoir que des raisons de clémence et d'humanité, et qui, en termes

(1) Lettre aux *Débats*, 31 juillet 1902.

significatifs saluait dans la grâce « le premier gage de l'œuvre d'apaisement ». Puis, par un ordre du jour daté du 21 septembre, qu'il ne communiqua même pas au Président du Conseil, Galliffet annonça à l'armée que « l'incident était clos ». Dès la veille (20 septembre) Dreyfus avait été remis en liberté. Son premier geste fut d'écrire une déclaration rendue publique où il protestait de nouveau de son innocence et affirmait sa résolution de n'avoir ni trêve, ni repos, jusqu'à ce que son honneur lui fût rendu. Pour lui, du moins, l'incident n'était pas clos.

L'armée eut ainsi la satisfaction provisoire de garder une tache sur son blason. Les officiers « bien pensants » purent continuer à boycotter leurs camarades juifs, « dreyfusards » ou simplement républicains. En revanche, l'antimilitarisme, nourri par tous ces défis à la justice et au bon sens, prenait des proportions menaçantes et s'exprimait sous la plume d'Urbain Gohier en termes d'une violence de plus en plus provocante. Le pays, mal informé et simpliste, fatigué d'une agitation trop prolongée, s'inclina devant la vérité officielle et put rester convaincu en majorité que Dreyfus avait trahi et que les hommes qui avaient vaillamment lutté pour lui s'étaient faits les défenseurs d'un traître. Aussi continua-t-on à leur tenir rigueur. Aux élections sénatoriales de janvier 1900, tous les « Dreyfusards » notoires — Ranc, Siegfried, Thévenet — restèrent sur le carreau, pendant que le général Mercier était élu comme nationaliste dans la Loire-Inférieure. Deux ans plus tard, aux élections législatives de 1902, on constata un progrès : si Labori, Viviani,

J. Reinach, Conrad de Witt furent encore écartés par le suffrage universel, Pressensé, Jaurès, Ferdinand Buisson, militants de la revision, entrèrent ou rentrèrent à la Chambre des Députés; vers le même temps, le département du Var envoyait au Sénat Clemenceau.

Le jugement de Rennes laissait en suspens plusieurs procès qui se rattachaient par un lien plus ou moins étroit à l'affaire Dreyfus. Picquart, relâché par la justice civile, était encore, depuis son « règlement de juges », sous le coup de poursuites militaires pour infraction à la loi sur l'espionnage (affaire Boulot, affaire des pigeons voyageurs). La veuve du colonel Henry persistait à intenter un procès en diffamation à J. Reinach. Zola, rentré en France au mois de juin 1899, faisait tomber sa condamnation par défaut et pouvait recommencer son procès. Enfin et surtout la demande de mise en accusation déposée en juin 1899 par le ministère Dupuy contre le général Mercier restait toujours pendante.

Tous ces débats judiciaires, et d'autres encore de moindre importance, auraient pu — dans l'opinion des revisionnistes — amener la révélation de faits nouveaux, inconnus des juges de Rennes, et par suite rendre possible une revision nouvelle : on espérait surtout beaucoup de la déposition des attachés militaires étrangers. Mais Waldeck-Rousseau, quoique profondément convaincu de l'innocence de Dreyfus, savait que les gouvernements étrangers n'autoriseraient jamais leurs représentants à témoigner devant une juridiction française. Persuadé, en outre, que l'arrêt de Rennes n'était dû qu'à une atmosphère empoisonnée par la passion, il estimait qu'une nouvelle revision ne pourrait s'engager utilement que dans une ambiance purifiée, c'est-à-dire après un délai de quelques années. Enfin il sentait que le pays était las d'une querelle qui faussait les groupements politiques, qui divisait le parti républicain et qui avait mené la France à deux doigts de la guerre civile, qu'il était dégoûté aussi d'une affaire qui paralysait les affaires : on était à la veille d'une exposition universelle.

Pour toutes ces raisons, il déposa, le 17 novembre 1899, comme article additionnel à un ancien projet d'amnistie, un texte amnistiant « tous les faits criminels ou délictueux connexes à l'affaire Dreyfus ou ayant été compris dans une poursuite relative à l'un de ces faits » et, en outre, déclarant éteintes « toutes actions criminelles ou civiles relatives à ces faits ». Dans une rédaction ultérieure, celle du 1er mars 1900, le mot d'amnistie disparut : il ne fut plus question que de l'extinction des actions pénales, à l'exception toutefois, des crimes de meurtre et de trahison.

C'était bien la « politique de l'éponge » réclamée par le président Loubet, préconisée dès le 23 mai 1899 dans le *Figaro* par le journaliste Cornély : Mercier devait en bénéficier autant que Picquart. Le projet rencontra une vive opposition de la part de certains « dreyfusistes » convaincus qui n'y voulurent voir qu'un étranglement scandaleux de la justice. Les hommes les plus directement intéressés, Zola, Picquart, J. Reinach, protestèrent devant la Commission sénatoriale; Clemenceau, Pressensé, Viviani se prononcèrent dans le même sens; Dreyfus saisit la commission d'une lettre noblement indignée; il n'est pas jusqu'à Esterhazy lui-même qui, de son sûr asile de Londres, ne protestât de son côté, réclamant la lumière, toute la lumière (1).

Les revisionnistes intransigeants, qui avaient un ami dans la commission sénatoriale — le vieux Clamageran — réussirent à retarder pendant de longs mois le vote du projet d'amnistie, mais en attendant toutes les procédures demeurèrent en fait suspendues : c'était déjà l'armistice avant la paix. Au printemps 1900 deux faits significatifs convainquirent le ministère qu'il avait bien interprété la volonté de la majorité du pays. D'abord un discours prononcé le 24 avril par J. Reinach à Digne, où il annonçait que la justice aurait son jour, souleva un orage aussi violent que factice : on l'interpréta comme une reprise de l'Affaire, et cet incident, exploité avec succès par les candidats nationalistes aux élections municipales de Paris, devint l'objet d'une interpellation devant la Chambre par Boni de Castellane, puis par Gouzy. Après une âpre intervention de Ribot, le débat se termina par le vote, à une immense majorité, d'un ordre du jour Chapuis (accepté par Waldeck) qui invitait le gouvernement à s'opposer énergiquement à la reprise de l'« Affaire » (22 mai 1900).

L'autre incident devait avoir des conséquences

(1) Il assiégeait Waldeck-Rousseau de lettres menaçantes pour ses anciens chefs et promettant des révélations sensationnelles. Waldeck finit par le faire entendre par le consul général à Londres, Laqueux, auquel il répéta les mêmes sornettes que naguère à la Cour de Cassation, mais refusa naturellement de livrer ses prétendues pièces.

plus lointaines. Galliffet avait considérablement réduit les attributions du fameux bureau des renseignements et formellement interdit aux officiers qui le composaient de s'occuper de l'affaire Dreyfus. Naturellement cette interdiction ne concernait pas le service, désormais civil, du contre-espionnage, dépendant de la Sûreté générale, et que dirigeait alors l'agent Tomps. Celui-ci, malgré sa prudence habituelle, se laissa entraîner à engager des négociations en vue d'obtenir des renseignements sur les circonstances où s'était produit à Rennes le témoignage sensationnel et manifestement faux du Serbe Czernucky.

Ces négociations entamées avec un nommé Przyborowski, avec un officier allemand déserteur nommé Wessel et sa maîtresse Mathilde, furent surveillées et contrecarrées par le service d'espionnage militaire, qui en avait eu vent. Elles n'aboutirent à aucun résultat sérieux, mais au cours de cette affaire, Wessel ayant été arrêté, les officiers réussirent à mettre la main sur des lettres de Tomps qui établissaient la manœuvre. Galliffet, auquel ils en parlèrent, ne voulut rien entendre et renvoya dans leur corps les officiers compromis ; alors l'un d'eux, le capitaine Fritsch, croyant faire un « acte politique », livra au député Le Hérissé une photographie des lettres incriminées et inspira dans le journal *l'Eclair* un article sur ce sujet, qui mit le feu aux poudres.

Les faits furent portés à la Chambre par divers orateurs, notamment par Alphonse Humbert. Galliffet, après avoir d'abord tout nié, fut obligé, renseignements pris, d'en reconnaître la réalité : Fritsch fut puni et blâmé, Tomps déplacé, mais quand Waldeck-Rousseau, oubliant sa maîtrise de soi ordinaire, se laissa entraîner à qualifier de « félonie » l'acte de l'officier coupable, il souleva un tumulte violent. Le ministre de la guerre, sous un prétexte de santé, donna sa démission (28 mai 1900). Il fut remplacé par le général André, recommandé par Brisson et Bourgeois, qui connaissaient sa foi républicaine et son ardeur anticléricale, servies par une instruction étendue, une intelligence limitée, et un caractère têtu.

Waldeck-Rousseau vit dans ces événements un motif d'insister plus vivement pour le vote de la « loi éponge ». Rapportée au Sénat par Guérin, combattue par Clamageran, Maxime Lecomte, Delpech, Trarieux, elle fut dès le 2 juin acceptée à une énorme majorité par la haute assemblée ; mais à la Chambre des députés elle devait traîner longtemps encore parce que la Commission et une partie des députés s'obstinaient à vouloir élargir les termes du projet, de manière à en faire une amnistie plénière qui eût compris notamment les condamnés de la Haute-Cour, Buffet, Déroulède, Guérin, Marcel Habert. Le gouvernement s'y refusait résolument. On finit par s'entendre sur une transaction : le Sénat ayant voté une amnistie pour les délits de presse et de grève, la Commission de la Chambre l'incorpora au projet du gouvernement, qui fut alors voté le 18 décembre à l'unanimité des voix moins 2 ; la droite s'était abstenue pour marquer son mécontentement de l'exclusion des condamnés de la Haute-Cour. Au cours des débats, pour consoler les défenseurs irréductibles de la justice, Waldeck-Rousseau, après avoir déclaré que l'amnistie était faite « pour les coupables », flétrissait du haut de la tribune la conduite de Mercier et, comme naguère Gambetta, faisait appel « à la justice de l'histoire ». Le projet, retourné au Sénat pour des raisons de forme, y fut voté à l'unanimité moins 10 voix et devint une loi définitive le 24 décembre 1900.

Le colonel Picquart, en manière de protestation, se désista de son pourvoi contre la décision du conseil d'enquête qui l'avait mis en réforme, pourvoi qui avait cependant des chances de succès (1). Il quitta sans esprit de retour une armée où il ne jugeait pas être à sa place à côté de ses calomniateurs, dont plusieurs d'ailleurs, étaient déjà morts ou éloignés (2).

---

(1) Le Conseil d'enquête avait été convoqué à Paris sous prétexte que Picquart faisait encore partie de l'Etat-major général. Il affirmait, au contraire, avoir été classé définitivement au 4e tirailleurs à Sousse.

(2) Le général de Pellieux était mort le 16 juillet 1900; Gonse, éloigné de l'Etat-major, fut laissé sans emploi jusqu'à sa mise à la retraite; il en fut de même de Boisdeffre et de Du Paty. Ce dernier devait en 1902 faire de nouveau parler de lui par une dénonciation extravagante où il cherchait à mêler l'affaire Dreyfus avec l'escroquerie de Thérèse Humbert à qui le beau-père de Dreyfus avait prêté 500.000 francs. Rayé des cadres, il fut, longtemps plus tard, sur sa demande, nommé par Millerand en 1913 lieutenant-colonel dans l'armée territoriale, nomination qui amena la démission du ministre (12 janvier). Quant à Cuignet, il fut réintégré dans un emploi actif malgré une nouvelle incartade au sujet du prétendu « faux Panizzardi », qui le fit traduire sans succès devant un conseil de guerre (31 décembre 1900). Lauth fut décoré et bientôt promu; Gribelin resta encore plusieurs années au ministère avant de prendre sa retraite : nous le retrouverons dans l'enquête André.

Zola, forclos dans son instance principale, renonça à ses procès contre les experts et contre Judet. Seule subsista l'affaire de Mme Henry contre J. Reinach, mais devenue une simple instance en réparation civile fondée sur l'article 1382 du Code. Quand l'affaire fut enfin appelée en juin 1902 devant la première chambre du tribunal civil, les avocats de J. Reinach réclamèrent une enquête pour établir sa bonne foi. Cette enquête eût, en fait, rouvert l'affaire Dreyfus ; aussi le tribunal s'empressa-t-il de l'écarter : reconnaissant d'emblée la bonne foi de l'écrivain, il ne l'en condamna pas moins (2 juin 1902) à une somme dérisoire de 1.000 fr. de dommages-intérêts. La Cour d'appel confirma ce jugement le 1er août 1902, enlevant ainsi à ce procès attardé tout intérêt politique.

XVI

Au lendemain du verdict de Rennes, Alfred Dreyfus, rendu à sa famille et à la liberté, se retira d'abord à Carpentras, puis à Cologny près de Genève, où sa santé, profondément ébranlée, se rétablit peu à peu. Enfin, dans l'automne de 1900, il vint se fixer à Paris, sans que sa présence y provoquât l'émotion qu'on aurait pu redouter. Une lettre, qu'il écrivit le 26 décembre 1900, pour protester une fois de plus de son innocence et pour réclamer une enquête sur la légende du « bordereau annoté », demeura sans réponse. Ses *Souvenirs*, publiés au printemps de 1901, touchèrent les lecteurs attentifs par leur accent de sincérité, étonnèrent quelques-uns par l'effort continu de paraître « objectif ». Au mois d'octobre 1902, il put assister sans soulever d'incident aux obsèques de Zola.

Innocent et mártyr aux yeux des trois quarts de l'Europe, Dreyfus restait exclu de l'armée et légalement privé de son honneur. Suivant l'engagement solennel qu'il en avait pris, il ne renonçait pas à le reconquérir ; mais après le vote de la loi d'amnistie, la plupart des avenues qui auraient pu mener au but semblaient irrévocablement fermées. Avec une grande sagesse, Mathieu Dreyfus s'opposa pendant trois ans à toute tentative prématurée d'une revision nouvelle : tentative qui, insuffisamment soutenue par l'opinion, aurait échoué soit devant la Cour de cassation, soit devant un troisième conseil de guerre. Ayant, par l'effet de la grâce, cessé d'être un objet de commisération physique, Alfred Dreyfus avait perdu, par là même, la sympathie agissante de ces âmes nombreuses plus sensibles à la pitié qu'à la justice. Enfin, si son attitude, digne et réservée, avait ramené quelques adversaires de la veille, en revanche, la discorde s'était glissée entre ses plus ardents défenseurs.

Froissé dans son amour-propre par le silence qu'on lui avait imposé à Rennes, mécontent des circonstances qui accompagnèrent la grâce et l'amnistie, retardé dans ses ambitions politiques, irritable jusqu'à l'exaltation, Labori avait fini par demander à son client d'écarter de ses conseils Demange (en qui il voyait le porte-parole de Waldeck) pour ne plus se livrer qu'à la direction de son brillant et impétueux avocat. Une scène violente, où il blâma sans mesure le silence « politique » de Mathieu Dreyfus vis-à-vis du ministère, amena la séparation définitive (décembre 1900) ; les efforts de Louis Havet ne parvinrent pas à opérer une réconciliation. Un peu plus tard, Labori ayant signifié son congé à Cornély, qui collaborait à son journal, la *Grande Revue*, J. Reinach lui retira à son tour, son dossier et sa confiance.

Il y eut, dès lors, dans le petit camp des militants de la première heure deux groupes distincts, parfois opposés : d'un côté Mathieu Dreyfus avec Demange, Mornard, Trarieux, J. Reinach ; de l'autre, le colonel Picquart repris par son atavisme antisémitique, et dont la belle intelligence était quelque peu grisée par des louanges méritées, mais excessives; Labori qui se drapait dans une intransigeance sarcastique et se livrait parfois à des récriminations meurtrières, Louis Havet, la probité et la droiture même, mais hypnotisé par son culte pour Picquart. Jaurès et, dans une certaine mesure, Clemenceau surent rester en bons termes avec les deux fractions. Et pendant ces deux années, que de vaillants combattants fauchés par la mort, une mort souvent hâtée par leurs prodigieux efforts et leurs infinies tristesses ! Après Gibert, après Scheurer, après Giry et Grimaux, disparurent ainsi Bernard Lazare, puis Zola terrassé le 30 septembre 1902 par un vulgaire accident (1).

Les rangs de la petite armée des militants s'éclaircissaient et l'unité de direction et de tendance s'affaiblissait de plus en plus.

L'opinion publique, détournée par d'autres batailles, se désintéressa peu à peu d'une affaire qui l'avait passionnée pendant trois ans, sans se rendre compte que ces campagnes nouvelles trouvaient en grande partie dans l'affaire même leur origine et leur explication. Les divers incidents de la lutte avaient révélé dans une grande partie de la bourgeoisie française et du corps d'officiers, non seulement un antisémitisme irréductible, mais un état d'esprit diamétralement opposé aux principes

(1) Trarieux, Duclaux et Molinier s'éteignirent au printemps 1904 après avoir eu du moins la joie de saluer « l'arrêt de recevabilité » qui inaugurait la réhabilitation définitive.

de la Révolution, à la méthode scientifique, aux idées mêmes de justice et de progrès.

De quelle action secrète et prolongée cet état d'esprit était-il le résultat ? Les hommes soucieux de l'avenir de la République s'accordaient à l'imputer à la presse cléricale et surtout au système d'éducation en honneur dans certains milieux. Au lendemain de l'arrêt de Rennes, un modéré, Jonnart, dans une lettre retentissante publiée par le *Figaro* (24 septembre 1900) s'était exprimé ainsi: « C'est l'odieuse doctrine à laquelle les *Provinciales* ont infligé une impérissable flétrissure qui vient de triompher à Rennes: cette doctrine s'enseigne quelque part. » Waldeck-Rousseau, moins pressé de guérir les plaies actuelles que d'attaquer dans sa racine le mal profond d'où elles provenaient, entra résolument en campagne contre les moines éducateurs et contre ceux qu'il appelait les « moines ligueurs et les moines d'affaires ». Le projet de loi sur les associations, tout en organisant une liberté jusqu'alors négligée, en exceptait les congrégations religieuses, pour lesquelles l'autorisation serait désormais exigée sous peine de dissolution immédiate. En outre, tout enseignement serait interdit aux membres des congrégations non autorisées. Ce projet, après des discussions prolongées, devint la loi du 2 juillet 1901. Le discours de Toulouse (28 octobre 1900) en fournissait le commentaire : il s'agissait de combler l'abîme entre deux jeunesses « moins séparées par leur condition sociale que par l'éducation qu'elles reçoivent ».

Cependant, Waldeck-Rousseau, après avoir forgé l'instrument de la lutte préféra laisser à d'autres la tâche ingrate de le manier. Peu après les nouvelles élections, il invoquait une fatigue d'ailleurs réelle pour se retirer du pouvoir (8 juin 1902); il céda la place au ministère Combes qui devait continuer sa politique anticléricale et la « républicanisation » de l'armée avec une énergie implacable, desservie par d'incontestables maladresses.

Au commencement de 1903 la composition de la nouvelle Chambre paraissait assez rassurante et l'opinion publique assez calmée pour que quelques cœurs généreux pussent songer sérieusement à reprendre sans crainte de bouleverser le pays l'œuvre nécessaire de la réhabilitation de Dreyfus.

Plus on réfléchissait sur l'arrêt incohérent de Rennes, plus il semblait probable qu'il n'avait pu être arraché au Conseil de guerre que par une manœuvre analogue à celle de la pièce secrète de 1894, mais plus habile et plus insaisissable. Un des juges de Rennes, le commandant Merle, sondé, en octobre 1902, par le docteur Roger Dumas, avait laissé entrevoir, tout au moins par des réticences, que des documents colportés à la sourdine avaient influencé le tribunal. Ces documents que pouvaient-ils être sinon les fameuses lettres de l'Empereur Guillaume ou le bordereau original sur papier fort annoté de la main de l'Empereur dont Séverine, Rochefort et d'autres avaient plusieurs fois parlé en termes mystérieux? Jaurès, rentré l'année précédente à la Chambre, s'offrit pour porter à la tribune les doutes et les angoisses des amis de la justice.

L'occasion lui en fut fournie par la discussion de l'élection d'un député de Paris : le nationaliste

Syveton, au cours de sa campagne électorale, avait affiché une édition altérée de la lettre de Galliffet dont il a été question plus haut (p. 173) et qualifié le cabinet Waldeck-Rousseau de « ministère de l'étranger » (1). L'élection de Syveton était soumise à une enquête; la commission, par l'organe de son rapporteur Beauregard, concluait à la validation. Jaurès, sans s'occuper beaucoup de Syveton, raconta longuement, éloquemment, avec une dialectique incisive et une mimique saisissante tout ce qu'on savait de l'histoire obscure et contradictoire du bordereau annoté. Un débat violent et confus s'engagea au cours duquel Brisson reprocha vivement à Cavaignac de lui avoir caché l'existence d'une lettre du général de Pellieux, écrite au lendemain de la découverte du crime d'Henry et qui semblait faire allusion à *plusieurs* faux. Le général André, qui dans le nouveau cabinet avait conservé le portefeuille de la guerre, se déclara prêt à ouvrir une enquête sur les faits dénoncés. La Chambre, reprise de terreurs électorales et admonestée par Ribot, refusa toutefois de l'y inviter formellement : elle vota un ordre du jour Chapuis où elle se déclarait résolue « à ne pas laisser sortir l'affaire Dreyfus du domaine judiciaire » (7 avril 1903). Comme conclusion accessoire, Syveton fut invalidé. Mais l'essentiel était fait, le grelot de la revision attaché.

Malgré les hésitations dont ce débat confus por-

(1) Cette lettre de septembre 1899 avait été montrée en avril 1902 par Galliffet à Judet; c'est d'après la reconstitution inexacte, faite de mémoire par celui-ci, que la Ligue de la patrie française l'avait affichée sur les murs.

tait la marque, le général André, fort de sa conscience, se crut suffisamment autorisé à engager l'enquête destinée en premier lieu à éclairer sa propre religion. Il n'avait, en effet, aucune idée préconçue, aucun parti-pris sur l'Affaire, admettant même la possibilité d'une preuve inconnue de la culpabilité. Il se mit donc discrètement à l'œuvre, et, dans le silence de son cabinet, entreprit lui-même, avec ses officiers d'ordonnance, notamment le capitaine Targe, la revision complète et méthodique du dossier Dreyfus. Il fallut tout d'abord le reconstituer, œuvre laborieuse, car les pièces en avaient été dispersées dans divers bureaux après l'arrêt de Rennes. Au cours de cette reconstitution, on acquit des preuves nombreuses et certaines de la déloyauté avec laquelle le dossier secret de Rennes avait été formé et interprété. Mais, du « faux impérial », pas la moindre trace. En revanche, André, égaré par d'insignifiantes apparences, se lança quelque temps sur une fausse piste, se persuadant, et cherchant à persuader les autres, que le « faux Henry » avait été ultérieurement falsifié par Cuignet !

Cette chasse scrupuleuse mena cependant à la découverte de deux graves falsifications, qui semblaient constituer deux « faits nouveaux » proprement dits, de nature à justifier une seconde demande en revision.

Le premier fait concernait un des trois documents lus naguère à la tribune par Cavaignac. C'était un billet de Schwarzkoppen à Panizzardi du mois de mars 1894 où se lisait la phrase : « D. m'a apporté beaucoup de choses très intéressantes. » Lors de l'enquête de 1898, Cuignet avait constaté que l'initiale D n'était pas de l'écriture de Panizzardi, mais tracée en surcharge sur une autre lettre grattée. Cependant Bertillon, chargé d'expertiser la pièce, avait déclaré, contre toute vraisemblance, que la lettre « grattée ou gommée » était elle-même un D. En conséquence, on avait fait état de cette pièce à Rennes, et Mercier s'en était servi pour appliquer de nouveau à Dreyfus la pièce « Canaille de D » mentionnant la livraison de plans directeurs des forteresses. (1). Or, on avait retrouvé maintenant aux archives de la Guerre un bordereau du 21 mars 1894, signé Sandherr, renfermant une copie contemporaine de la pièce « D m'a apporté », copie antérieure au grattage, et d'où il résultait que l'initiale contestée était, non un D, mais un P !

Une seconde pièce, invoquée avec insistance à Rennes par les accusateurs de Dreyfus, était un billet de Panizzardi (signé *Alexandrine*) à Schwarzkoppen et renfermant ces mots : « Il est nécessaire que je finisse parce que le 31 (mars) je dois envoyer à R(ome)... Je vous annonce que j'aurai l'organisation des chemins de fer. » Cette pièce portait la date d'enregistrement « Avril 1894 », écrite à l'encre rouge de la main d'Henry. Comme Dreyfus avait quitté, le 1er janvier 1894, la section de l'Etat-major où se traitaient les questions de chemin de fer, le général Mercier affirmait que la

(1) En réalité, toute une série de pièces établissaient que la livraison de ces plans avait commencé bien avant l'arrivée de Dreyfus au ministère et continué bien après son départ

pièce lui était applicable ; il assurait même qu'elle avait fait partie du dossier clandestin communiqué aux juges de 1894. Or, cette fois encore, Sandherr sortait de la tombe pour démolir tout cet échafaudage de mensonges. Un bordereau signé de lui renfermait une copie de la pièce par Gribelin prise à l'époque de sa réception et établissant qu'elle était en réalité du 28 *mars* 1895, c'est-à-dire postérieure de trois mois à la condamnation de Dreyfus, de deux mois à sa déportation ! Il apparut que Henry avait arraché le coin de la feuille où était inscrite la vraie date d'enregistrement et y avait tranquillement substitué une date fausse.

Le 26 novembre 1903 Dreyfus, averti des résultats de l'enquête ministérielle, introduisait sa requête en revision contre une condamnation qui était « le produit du faux et du mensonge ». Deux jours après, on apprenait que sur les réquisitions de son collègue de la Guerre, le Garde des Sceaux, Vallé, venait de saisir la Commission consultative d'une demande en revision fondée sur la découverte de faits nouveaux. Dès le 24 décembre, le directeur des Affaires civiles, Victor Mercier, donnait lecture de son rapport favorable à la recevabilité de la demande et la Commission consultative se prononçait à l'unanimité dans le même sens. A la suite de ce vote, le Garde des sceaux transmettait immédiatement à la Cour de Cassation la demande en revision. Le procureur général Baudouin, après avoir parcouru le dossier secret, fut littéralement épouvanté de son néant ; il concluait, le 17 janvier 1904, en faveur de la demande et le conseiller Boyer fut chargé du rapport par le président de la Chambre criminelle Chambaraud.

Les 3, 4, et 5 mars 1904, la Chambre criminelle tint ses audiences publiques pour entendre le rapport du conseiller Boyer, les conclusions du procureur général Baudouin et le plaidoyer de Me Mornard, avocat de Dreyfus.

Le rapporteur, qui s'était imposé la plus grande sécheresse, énumérait d'abord, sans y insister toutefois, un certain nombre de faits signalés soit par le ministre de la Guerre, soit dans la requête de Dreyfus, faits dont il ne méconnaissait pas l'intérêt, mais qui ne paraissaient pas constituer des « faits nouveaux » dans le sens que la loi attache à ce terme :

1° On relevait un mensonge certain dans la déposition du témoin Czernucky à Rennes : il avait prétendu tenir une partie de ses informations d'un certain Adamovitch qui les tenait lui-même du docteur Mosetig, conseiller aulique : or, Mosetig, par un acte authentique, déclarait ne point connaître Adamovitch (1) ;

2° La fable du « bordereau annoté », exposée par Jaurès à la tribune de la Chambre, et qui avait pu influencer le vote de certains des juges de Rennes (2) ;

---

(1) Déclaration publiée dans la *Nouvelle Presse Libre* de Vienne le 5 octobre 1899.

(2) Le récit du docteur Roger Dumas, avait, il est vrai, été contredit par le commandant Merle, mais on peut et doit douter de la sincérité de ses dénégations tardives.

3° Deux lettres écrites par le prince de Munster à M. Joseph Reinach et à la baronne Braulsen affirmaient de nouveau, en termes formels, que Schwarzkoppen n'avait jamais connu Dreyfus;

4° On avait prétendu, même à Rennes, que certains cours de l'Ecole de guerre, saisis chez Dreyfus en 1894, étaient incomplets et que les feuillets manquants du Cours de fortification correspondaient à une copie de ces leçons faites pour Schwarzkoppen et « trouvée » à l'ambassade d'Allemagne; or, la vérité, loyalement attestée par Gribelin, était que les cours de Dreyfus se présentaient au complet et que la copie de Schwarzkoppen (faite par d'Arco) était celle des leçons de 1892-94, c'est-à-dire notablement différentes de celles de 1890 à 1892, les seules qu'eût connues Dreyfus.

5°Esterhazy avait renouvelé devant le consul de France à Londres sa déclaration qu'il était l'auteur du bordereau, déclaration déjà consignée dans un article du *Matin* (18 juillet 1899) dont le texte, écrit de sa main, figurait au dossier;

6° Henry avait dissimulé à ses chefs toute une série de pièces de nature à innocenter Dreyfus et à charger Esterhazy : avis d'un agent français à Berlin (avril 1895) désignant l'informateur de Schwarzkoppen en termes qui convenaient au signalement d'Esterhazy; brouillon d'une note de Schwarzkoppen (commencement de 1896) indiquant que son informateur cessait de le renseigner honnêtement et qu'il allait rompre avec lui; conversation de Schwarzkoppen et de Panizzardi avec le commandant Fontenillat (note du 6 novembre

1897) affirmant sur l'honneur l'innocence de Dreyfus (1).

Le rapporteur, après avoir écarté au point de vue juridique ces faits acessoires, retenait comme « faits nouveaux » proprement dits les deux graves falsifications du dossier secret découvertes par André et Targe : celle de l'initiale de la pièce « D m'a apporté » et celle de la date de la pièce sur l'organisation des chemins de fer. Le Garde des sceaux et le rapporteur invoquaient encore, sans toutefois y voir un fait nouveau, une troisième falsification de nature à entraîner tout au moins des sanctions disciplinaires.

On se rappelle qu'en 1894, avant même l'arrivée du bordereau, les soupçons avaient été aiguillés vers l'Etat-major par les avis d'un certain Val Carlos, ancien attaché militaire espagnol : il avait même, à en croire Henry et Guénée, précisé, indiqué le 2e bureau. La valeur de ces indications dépendait beaucoup de l'opinion qu'on se faisait de la moralité de l'indicateur. D'après Cavaignac, Cuignet et Carrière, Val Carlos était un gentilhomme, un haut personnage, un ami « désintéressé » de la France ; Picquart au contraire avait déclaré à Rennes que c'était un rastaquouère et un agent régulièrement salarié sur les fonds secrets.

(1) Le rapporteur relevait aussi un fait intéressant pour l'honneur de Picquart : Henry, au cours de l'enquête Pellieux, avait prescrit à Gribelin de porter à ce général le dossier *secret* des pigeons voyageurs et d'affirmer, contrairement à la vérité, que c'était ce dossier que Picquart avait compulsé avec Leblois ; sur le refus de Gribelin, il l'aurait puni (déclaration Gribelin du 29 juillet 1903, modifiée deux jours plus tard).

Ce dernier point avait été admis, non sans quelques hésitations, par Gonse. Maintenant, il apparaissait qu'en novembre 1897, en prévision de la reprise de l'Affaire, Henry, de concert avec Gonse et Gribelin, avait systématiquement faussé toute la comptabilité relative aux mensualités touchées par ce personnage. Sur le livre journal de 1895, sur celui de 1896-97, recopié *ad hoc*, en bloc et pourvu de visas mensuels fictifs, les initiales « V. C. » ou le nom « Vessigneul » qui désignaient Val Carlos avaient été remplacées par « H. C. » ou « Juana ». Il y avait là, disait le contrôleur général Crétin, tous les éléments d'un faux criminel malheureusement couvert par la loi d'amnistie. Le rapporteur livrait ces manœuvres à l'appréciation de la Cour.

En définitive, le rapporteur Boyer concluait à la recevabilité de la demande en revision et à une enquête supplémentaire destinée à établir juridiquement les faits invoqués et à les corroborer par d'autres révélations.

Telles furent aussi les conclusions du procureur général Baudouin. Son exposé véhément faisait un historique de toute l'affaire. Il l'avait abordée, disait-il, sans parti pris ou plutôt avec un penchant à repousser l'hypothèse d'une seconde erreur judiciaire : mais l'étude du dossier l'avait à la fois convaincu et stupéfait. Le système de preuves ou plutôt d'hypothèses érigées en preuves, admis par les juges de Rennes soulevait sa conscience de magistrat .« Il n'est pas, disait-il, un seul de nous qui, faisant partie de l'armée, ne puisse succomber sous une accusation ainsi menée. » Le dossier secret, « palladium de l'accusation », était un ramassis de pièces misérables « qui ne valaient que par le mystère dont on les avait entourées. » Quant au bordereau, après les aveux d'Esterhazy, après les rapports des experts il fallait nier l'évidence pour persister à l'attribuer à Dreyfus. Le procureur général émettait d'ailleurs des doutes sur le fait de la *livraison* des documents énumérés au bordereau et par conséquent sur l'existence même du crime qui faisait le fondement de l'accusation (1). Il admettait pour sa part, comme « faits nouveaux » au sens de la loi de revision, non seulement les deux altérations de pièces du dossier secret, mais encore le fait Val Carlos.

Après un touchant plaidoyer de Mornard concluant dans le même sens que le rapporteur et le procureur général (2), la Chambre criminelle entra en délibérations et prononça, par son arrêt du 5 mars, la recevabilité de la demande et l'ouverture de l'enquête supplémentaire à laquelle elle-même devait maintenant procéder.

(1) A cet égard, il faut, croyons-nous, distinguer entre le *Manuel* et les quatre autres pièces. Le *Manuel* n'a très probablement pas été livré : Schwarzkoppen a affirmé à Panizzardi ne l'avoir pas reçu. (Dépositions Tornielli et J. Reinach, 1904). Quant aux quatre autres pièces, leur identité, leur valeur sont absolument problématiques. Si, comme il paraît certain, elles ont été livrées par Esterhazy, cette livraison a bien pu ne constituer qu'une escroquerie ou tout au plus un délit d'espionnage.

(2) Au cours de ce plaidoyer, comme il décrivait le caractère fier et timide de Dreyfus, il fit appel au témoignage de Labori présent à l'audience : celui-ci sortit ostensiblement du prétoire.

XVII

L'enquête poursuivie par la Chambre criminelle sous la présidence de Chambaraud ne dura pas moins de neuf mois. Elle s'accomplit dans le plus grand secret, avec une conscience rigoureuse et d'une manière plus approfondie encore que celle de 1899. Tous les témoins utiles, sauf Esterhazy, les juges de Rennes et les attachés militaires, furent entendus ; même le prince de Monaco, interrogé par commission rogatoire, affirma que Guillaume II lui avait certifié l'innocence de Dreyfus (1). Le dossier secret fut épluché jusque dans ses tiroirs les plus inacessibles, les légendes du « bordereau annoté » et de la « nuit historique » coulées à fond. On n'obtint d'aucun des piliers de l'accusation, excepté Czernucky, une rétractation formelle ; le général Mercier se tut ; Du Paty et Cuignet crânèrent, mais le néant des preuves invoquées par eux éclatait avec évidence. Le système graphologique de Bertillon soumis à l'examen de trois mathématiciens éminents (Appell, Henri Poinçaré, Darboux) s'effondra dans le ridicule.

---

(1) Un document nouveau et intéressant fut la lettre du major allemand Dame à son camarade français Pérez, qui, sans les nommer, mettait nettement en cause Esterhazy et Henry.

Les questions techniques, soulevées par la rédaction du bordereau, furent élucidées par une commission de quatre généraux spécialistes (Balaman, Willien, Brun et Séard).

Parallèlement à cette instruction, se déroula un procès connexe, engagé assez inconsidérément par le général André. Toujours hanté par l'idée que l'Etat-major avait acheté le témoignage de Czernucky devant le Conseil de guerre de Rennes, André soupçonna l'officier d'administration Dautriche d'avoir falsifié la comptabilité du bureau des renseignements pour dissimuler les sommes détournées à cet effet.

Les apparences ne laissaient pas d'être assez suspectes : de gros paiements avaient été inscrits en 1899 sous le nom d'un certain informateur « Austerlitz », sans que les officiers responsables pussent en justifier l'emploi. Successivement, Dautriche, le colonel Rollin, les capitaines Mareschal et François furent arrêtés sous inculpation de faux et de vol, mais pendant l'instruction les souvenirs des inculpés se rafraîchirent et ils finirent par mettre d'accord leurs déclarations, non seulement entre elles, mais avec les indications portées sur les livres.

Malgré le ministre, qui aurait voulu abandonner les poursuites, le gouverneur de Paris, général Dessirier, renvoya les inculpés devant le Conseil de guerre de Paris. Le ministère public (colonel Rabier) renonça par ordre à l'accusation en présence des contradictions qui se manifestaient entre les dépositions successives des anciens sous-chefs d'Etat-major mêlés à l'affaire. L'acquittement fut prononcé à l'unanimité (7 novembre 1904) et les officiers, rentrés dans leurs régiments, y reçurent un accueil triomphal.

Cet épisode avorté fut suivi à bref délai de la démission du général André. Dans son zèle, plus louable que prudent, de rétablir dans l'armée l'esprit républicain, le ministre avait ouvert une vaste enquête permanente sur l'attitude et les sentiments politiques des officiers; les renseignements, fournis, en général, par les loges maçonniques étaient centralisés au ministère de la Guerre où s'établissait une vaste collection de fiches qui influaient sur l'avancement et l'affectation des officiers. Ce travail s'était poursuivi pendant deux ans, malgré les avertissements de Waldeck-Rousseau et les scrupules de Combes. Finalement, un certain Bidegain, adjoint du secrétaire général du Grand-Orient, Vadécart, vendit au député Guyot de Villeneuve un paquet de lettres et de fiches compromettantes.

L'affaire fut portée à la tribune de la Chambre (28 octobre 1904). André sacrifia son principal collaborateur, le capitaine Mollin et ordonna de brûler les fiches; un soufflet brutal que lui appliqua en pleine séance le député nationaliste Syveton — qui devait sombrer quelques jours plus tard dans un suicide ignominieux — assura au gouvernement une forte majorité, mais la situation du ministre de la guerre parut tellement ébranlée qu'il démissionna le 15 novembre et fut remplacé par Berteaux. Il n'eut pas ainsi la satisfaction de couronner lui-même l'œuvre de justice et de réparation dont il avait été le patient et courageux initiateur.

Entre temps, l'instruction de la Chambre criminelle s'était close, et, conformément à la loi de dessaisissement, le dossier fut transmis aux chambres réunies de la Cour de Cassation (19 novembre 1904). Il semblait que la liquidation d'une affaire si complètement tirée au clair ne dût prendre désormais que quelques semaines; en réalité, il fallut encore vingt longs mois pour arriver au dénouement. A quoi était dû ce retard? D'abord au fait que plusieurs conseillers successivement désignés suivant l'ordre du tableau pour rédiger le rapport se récusèrent ou tombèrent malades, puis à la lenteur avec laquelle le conseiller Moras, définitivement choisi (14 mai 1905), procéda à son travail. Enfin, lorsque vers le commencement de l'année 1906, ce travail fut prêt, des considérations politiques intervinrent pour ajourner à nouveau les débats publics.

Le ministère Combes, après avoir mené jusqu'au bout son œuvre de sauvegarde républicaine, s'était retiré en 1905 pour faire place à un ministère Rouvier, sous lequel fut votée la loi de séparation des Eglises et de l'Etat. Le 13 mars 1906, sous un nouveau président (Fallières), ce ministère était remplacé à son tour par un cabinet Sarrien où Clemenceau, ministre pour la première fois, recevait le portefeuille de l'Intérieur. Les élections étaient imminentes; le gouvernement craignit que, si la Cour de cassation renvoyait l'affaire devant un troisième Conseil de guerre, il n'en résultât pendant la période électorale un grave aliment de discorde et de confusion. On s'arrangea donc pour ajourner la décision jusqu'après les élections de mai 1906, qui amenèrent à la Chambre une forte majorité de gauche dont faisaient partie les revisionnistes les plus notoires, élus ou réélus : Jaurès, Pressensé, Labori, Gast, Guieysse, Viviani, J. et Th. Reinach, etc.,Brisson fut réélu président de la Chambre.

Aussitôt après les élections, la Cour de Cassation, toutes chambres réunies, fut convoquée pour prendre à son tour connaissance du dossier secret. Le 18 juin commencèrent les audiences publiques, assez peu fréquentées, et qui se déroulèrent en général dans le calme le plus parfait (1). On entendit successivement le rapport pondéré et lumineux du conseiller Moras, le réquisitoire du procureur général Baudouin qui ne prit pas moins de huit audiences et la plaidoirie de Mornard qui en occupa trois. Certaines accusations violentes portées par Baudouin soulevèrent des incidents, dont le plus notable fut un duel au pistolet, d'ailleurs sans résultat entre Gonse et Picquart (9 juillet). Le général Mercier, sommé par Drumont de rompre son silence, écrivit au premier président Ballot-Beaupré une lettre vague et plate où il se bornait, en somme, à fixer au 12 décembre 1894 la date de la « nuit historique » et persistait à affirmer la culpabilité de Dreyfus. Les insinuations de sa lettre, qui mettait en doute l'impartialité de la Cour, furent vigoureusement réfutées par Mornard, et Drumont conclut, non sans raison : « Vous n'avez pas parlé, vous avez fait semblant de parler. »

Les trois orateurs étaient d'accord pour conclure à la cassation de l'arrêt de Rennes et pour

(1) C'est au cours d'une de ces audiences que Picquart refusa la main à Mathieu Dreyfus, qu'il n'avait pas vu depuis 1900. *Tantaene animis caelestibus irae!*

proclamer l'inanité des charges anciennes ou nouvelles apportées contre Dreyfus; mais tandis que le rapporteur Moras se prononçait pour le renvoi devant un nouveau conseil de guerre, Baudouin et Mornard demandaient la cassation sans renvoi.

Cette procédure exceptionnelle était prévue par l'article 445 du Code d'Instruction criminelle, paragraphes 4 et 5 ainsi conçus :

> 4° Lorsqu'il ne pourra être procédé de nouveau à des débats oraux contre toutes les parties, *notamment* en cas de décès, de contumace ou de défaut d'un ou de plusieurs condamnés, d'irresponsabilité pénale ou d'excusabilité, en cas de prescription de l'action ou de celle de la peine, la Cour de Cassation, après avoir constaté expressément cette impossibilité, statuera au fond sans cassation préalable ni renvoi... 5° Si l'annulation de l'arrêt à l'égard d'un condamné vivant ne laisse rien subsister qui puisse être qualifié crime ou délit, aucun renvoi ne sera prononcé.

En 1899, le procureur général Manau, l'avocat Mornard et Dreyfus lui-même s'étaient accordés malgré certains scrupules, pour réclamer le renvoi devant un Conseil de guerre. Depuis lors Manau (qui avait pris sa retraite) avait changé d'opinion, estimant notamment que la grâce accordée à Dreyfus rendait impossible une nouvelle condamnation effective par un conseil de guerre, et que, dès lors, on ne pouvait pas réunir celui-ci pour prononcer une sentence platonique (1), Baudouin se prononçait dans le même sens, mais par une raison particulière: à son avis, Esterhazy avait été proba-

(1) Il y avait cependant un précédent d'une poursuite « platonique » de ce genre, l'affaire Voisin (septembre 1902).

blement un contre-espion, ou l'agent d'une machination antisémitique ourdie par Sandherr. Il n'avait écrit le bordereau que par ordre et dès lors il n'y avait là qu'une mystification ne laissant subsister, suivant les termes du paragraphe 5, ni crime ni délit.

Cette hypothèse aventureuse avait été écartée par Moras, et Esterhazy en signalait plaisamment les contradictions dans une lettre à la *Libre Parole*, publiée le 10 juillet. Aussi l'avocat Mornard invoquait-il d'autres motifs: les résultats de l'enquête établissaient si manifestement la culpabilité d'Esterhazy et celle d'Henry qu'un débat criminel complet aurait nécessairement dû mettre en cause ces deux personnages; or, l'un était mort, l'autre définitivement acquitté; des débats oraux « contre toutes les parties » devenaient ainsi impossibles, et il y avait lieu d'appliquer le paragraphe 4 de l'article 445.

D'autre part, les charges alléguées contre Dreyfus ayant été toutes sans exception reconnues inexistantes, il ne subsistait plus rien qui pût *à son égard* être qualifié crime ou délit : ceci entraînait l'application du paragraphe 5. Il est vrai que la plupart des commentateurs avaient jusque-là interprété ce paragraphe en ce sens qu'il n'y avait lieu à cassation sans renvoi que si aucun fait ne subsistait dans le dossier qui pût *d'une manière quelconque* être considéré comme délictueux; or, il subsistait toujours le bordereau dont l'envoi — malgré les conjectures du procureur général — constituait tout au moins un délit d'espionnage. Ainsi avaient compris le texte la majorité des conseillers en 1899, quoique dès cette époque, il y eût des précédents d'annulation sans renvoi lorsque la criminalité avait disparu d'une manière certaine, et cela non pas nécessairement d'une façon générale et abstraite (*in rem*), mais simplement par rapport à l'accusé (*in personam*). (1).

Quelle que fût la valeur de ces arguments juridiques, d'autres considérations d'une nature pratique ne pouvaient manquer d'intervenir dans la décision. L'exemple de Rennes avait montré douloureusement combien la mentalité de juges officiers, même devant l'évidence, se montrait incapable de résister à la pression morale de l'autorité hiérarchique : fallait-il de gaieté de cœur, sans qu'aucune sanction effective pût d'ailleurs en résulter, exposer l'armée à une nouvelle épreuve, peut-être à un nouveau scandale de ce genre ?

Les esprits les plus sages, les plus soucieux de la paix publique et du véritable honneur de l'armée ne le pensaient pas. Sans doute, dès 1903, où la question avait commencé à être discutée, la presse nationaliste avait d'avance qualifié de « coup d'Etat judiciaire » une cassation sans renvoi, mais ses motifs étaient trop transparents. D'autre part, si Clemenceau, Picquart, Labori, avaient soutenu alors la même thèse, pressé Dreyfus d'insister pour être jugé par ses pairs, réclamé comme seule conclusion logique de l'affaire « la victoire de l'armée sur elle-même », il ne fallait pas attacher trop d'importance à ces opinions émises par des polémistes irresponsables et aigris : Clemenceau lui-même, maintenant qu'il était as-

(1) Affaires Taieb (22 janvier 1898) et Rouquayrol (19 mai 1898).

socié au pouvoir, pensait autrement. Le principal intéressé, Dreyfus, après avoir longtemps résisté (1), reconnaissait que son honneur serait tout aussi complètement lavé par un arrêt solennel de la plus haute juridiction du pays que par un jugement hasardeux obtenu de 7 juges militaires, désignés au hasard, et qui peut-être s'entendraient pour aboutir à la solution désastreuse, humiliante entre toutes, d'un acquittement à la minorité de faveur. Par la bouche de son avocat, il acceptait donc le principe de la cassation sans renvoi, mais écartait obstinément, malgré tant de raisons légitimes, toute demande d'indemnité pécuniaire.

L'arrêt de la Cour de Cassation, toutes chambres réunies, fut rendu le 12 juillet 1906. Il prononçait la cassation sans renvoi, qui fut, dit-on, votée par 31 voix contre 18 : les trois présidents de chambre, Sarrut, Bard et Tanon, ainsi que le premier président, Ballot-Beaupré, faisaient partie de la majorité. L'interprétation nouvelle qui en résultait de l'article 445,paragraphe 5,du Code d'Instruction Criminelle a fait désormais jurisprudence (2).

L'arrêt rédigé par Ballot-Beaupré, et dont il donna lecture en séance publique, est une page

---

(1) Son frère, dès 1903, se prononçait résolument pour la cassation sans renvoi.

(2) Voyez Dalloz périodique, 1908, I 153 et la note. « Il n'y a pas lieu à renvoi si l'arrêt de la Cour de cassation, examinant tous les éléments de l'accusation, établit que rien ne subsiste qui puisse être qualifié crime ou délit *à la charge du condamné :* peu importe que la matérialité du crime ou du délit demeure à l'égard d'une autre personne. »

magistrale, un chef-d'œuvre de discussion juridique qui mériterait d'être reproduit *in extenso* et qui constitue le meilleur résumé de la tragique affaire dont il apportait la conclusion. Nous devons nous contenter d'une analyse méthodique.

L'arrêt admettait comme motifs de revision les deux faits nouveaux déjà retenus par la Chambre criminelle : la preuve que dans la pièce « D m'a apporté beaucoup de choses très intéressantes » l'initiale D avait été frauduleusement substituée à un P, et la preuve que le billet Panizzardi « j'aurai l'organisation des chemins de fer » datait du 28 mars 1895 et non pas 1894. Mais il en ajoutait un troisième, qui n'avait pas suffisamment attiré l'attention. Un memento de Schwarzkoppen mentionnant l'absence d'artillerie lourde à la 9e armée française devait se fonder, — avait-on assuré à Rennes, — sur une note rédigée le 27 mars 1893 par le 1er bureau de l'Etat-major général. Une copie de cette note subsistait, mais la minute, œuvre du commandant Bayle, avait disparu et l'on accusait de cette disparition Dreyfus, stagiaire de ce commandant. Or, au cours de la nouvelle enquête, le 12 mars 1904, on avait retrouvé dans les archives du 1er bureau la minute censément perdue avec l'inscription « minute » de la main même du commandant Bayle. D'ailleurs, la date à laquelle le memento de Schwarzkoppen était parvenu au service des renseignements (28 décembre 1895) et qui devait correspondre à peu près à l'époque de sa rédaction achevait de mettre hors de cause Alfred Dreyfus.

Si ces trois faits nouveaux suffisaient à entraîner l'annulation du jugement de Rennes, restait à savoir si d'autres faits subsistaient permettant de soupçonner l'existence d'un crime ou d'un délit à la charge de Dreyfus et pouvant servir de base à un nouveau procès.

Or, en ce qui concerne le bordereau, l'expertise des professeurs de l'Ecole des Chartes en 1899, établissait qu'il était de l'écriture d'Esterhazy. Les systèmes extravagants imaginés par Bertillon et autres qui voulaient néanmoins y reconnaître l'écriture de Dreyfus, volontairement truquée à l'aide d'un gabarit dont la clef serait le mot « intérêt », n'avaient pas résisté à l'examen des trois mathématiciens éminents auxquels ils avaient été soumis : leur conclusion formelle était que ces systèmes étaient dénués de toute valeur et que leurs auteurs avaient raisonné mal sur des documents faux.

Comme exemple caractéristique de ces aberrations, on peut citer un fait sur lequel Du Paty de Clam avait, en dernier lieu, fondé sa conviction : le bordereau et une lettre de Mathieu Dreyfus, contenant d'après lui le mot-clef, présentaient deux encoches « mathématiquement superposables »: or, les experts avaient prouvé que ces encoches n'existaient pas sur les documents originaux et avaient été pratiquées au cours de la saisie! Comme surcroît de preuve que le bordereau était bien d'Esterhazy, on avait ses aveux recueillis en 1899 (lettres à Carrière et à Roget) et de 1900 (déposition devant le consul à Londres); on avait aussi le papier pelure filigrané, d'un type peu courant, et qui se retrouvait identique dans deux lettres d'Esterhazy écrites en 1892 et 1894, et d'une authenticité indiscutable.

L'étude attentive du contenu du bordereau montrait d'ailleurs qu'il ne pouvait être l'œuvre, ni de Dreyfus ni d'aucun officier d'Etat-major. Déjà les premiers mots « Sans nouvelles m'indiquant que vous désirez me voir » étaient incompréhensibles s'il s'agissait d'un informateur aussi précieux qu'un capitaine d'artillerie breveté, stagiaire de 2e année à l'Etat-major. La commission de généraux auxquels le texte du bordereau avait été soumis déclarait qu'un officier d'artillerie n'aurait pas, en 1894, présenté comme intéressants les renseignements sur le « canon de 120 » et le frein « hydraulique », universellement connus, mais qu'il aurait spécifié qu'il s'agissait du 120 *court* et du frein *hydropneumatique;* jamais il n'aurait employé l'expression « la manière dont s'est *conduite* cette pièce ». La note relative aux « formations de l'artillerie » ne pouvait concerner la mobilisation des régiments d'artillerie, où le terme formation n'est nullement employé ; elle ne pouvait viser que les formations *de manœuvre* prévues par un règlement qui était entre toutes les mains.

D'autre part, un officier d'artillerie n'aurait pas dit ne pouvoir qu'avec une extrême difficulté se procurer le projet de manuel de tir dont les 2.000 exemplaires avaient été répandus abondamment parmi les artilleurs. Finalement, les derniers mots du document : « Je vais partir en manœuvres », ne pouvaient pas s'appliquer à Dreyfus, à la date (août 1894) que l'accusation attribuait maintenant au bordereau, car, dès le printemps, les stagiaires d'Etat-major, de première comme de deuxième année, avaient été avertis qu'ils n'iraient pas aux manœuvres cette année-là (circulaire ministérielle du 17 mai) : le capitaine de Puydraguin, interrogé sur ce point par Henry, lui avait remis une note précise que celui-ci fit disparaître.

Au contraire, et quelle que fût l'incertitude qui planait sur le contenu exact des documents offerts, leur désignation et toute la teneur du bordereau s'appliquaient fort bien à Esterhazy. Cet officier est allé aux manœuvres du camp de Châlons en août 1894 : l'expression « je vais partir en manœuvres », d'un français peu correct, se rencontre dans des lettres d'Esterhazy de 1886 et de 1894. La *France Militaire* des 11 et 15 août 1894 signalait les expériences du camp de Châlons concernant trois des nouveautés du bordereau (120 court, manœuvres des batteries attelées, manuel de tir) et commençait une série d'articles sur Madagascar, au sujet duquel le bordereau promet une note. La note sur les troupes de couverture pouvait très bien être inspirée par des indiscrétions verbales, ou même par un article du *Journal des Sciences militaires* de mai 1894. Enfin, il était constant qu'Esterhazy à la fin du mois d'août avait cherché à obtenir du lieutenant d'artillerie Bernheim, communication du manuel de tir, mais que cet officier ne lui avait prêté qu'un règlement sur les bouches à feu de siège et une réglette de correspondance.

« Ainsi, concluait sur ce point l'arrêt, au point de vue soit de l'écriture, soit du texte, l'accusation, dont le bordereau était la base légale, est entièrement injustifiée et l'on s'est trouvé dans l'impossibilité absolue d'indiquer d'une façon plausible à quels mobiles Dreyfus, riche et parvenu jeune à une situation brillante dans l'armée, aurait obéi pour commettre un si grand crime. »

Passant ensuite aux accusations accessoires qui

avaient été greffées sur celle du bordereau, ou même substituées à celle-ci, l'arrêt en fait bonne et prompte justice.

La prétendue livraison par Dreyfus, en 1890, quand il était à l'Ecole de pyrotechnie, d'une instruction relative au chargement des obus à mélinite, ne reposait sur rien : ni l'écriture, ni le papier n'étaient ceux de Dreyfus, et le coupable était probablement l'employé Boutonnet. Même inanité dans une accusation relative à la révélation du secret de fabrication de l'obus Robin, révélation inexistante, parce que inutile, et d'ailleurs fournie par l'espion Greiner.

L'affaire des cours confidentiels de l'Ecole de Guerre, soi-disant livrés par Dreyfus, avait été complètement élucidée par l'enquête ministérielle : la copie de ces cours saisie chez Dreyfus était intacte et c'est à une autre source que Schwarzkoppen se les était procurés.

Ecartant le témoignage suspect de Val Carlos, le témoignage mensonger de Czernucky, la légende des aveux, soi-disant recueillis par le capitaine Lebrun-Renault, la légende, plus absurde encore, du « bordereau annoté » dont le général Mercier lui-même avait déclaré : « Rien, rien, rien n'a pu y donner lieu », l'arrêt arrive enfin aux preuves tirées du dossier secret et déjà éliminées pour la plupart. Il examine en dernier lieu le télégramme Panizzardi du 2 novembre 1894, mensongèrement reconstitué en 1898, mais dont le décalque officiel prouve au contraire que l'agent italien ignorait complètement Dreyfus; enfin, le brouillon du rapport Schneider qui, en 1897, croyait, au reste sans preuve, à la culpabilité de Dreyfus, mais qui, en 1899, avait changé d'avis. Et l'arrêt ajoute : « D'ailleurs l'accusation, si elle voulait faire appel aux déclarations des étrangers, devrait forcément reconnaître qu'officielles ou non, elles étaient formelles et nombreuses à la décharge de Dreyfus. »

Voici enfin la conclusion de ce mémorable document juridique : « Attendu, en dernière analyse, que de l'accusation portée contre Dreyfus rien ne reste debout, et que l'annulation du jugement du Conseil de guerre ne laisse rien subsister qui puisse à sa charge être qualifié crime ou délit; attendu, dès lors, que par application du paragraphe final de l'article 445 du Code d'Instruction criminelle aucun renvoi ne doit être prononcé;

« Par ces motifs (la Cour, chambres réunies) annule le jugement du Conseil de guerre de Rennes qui, le 9 septembre 1899, a condamné Dreyfus à dix ans de détention et à la dégradation militaire... ; dit que c'est par erreur et à tort que cette condamnation a été prononcée; donne acte à Dreyfus de ce qu'il déclare renoncer à demander l'indemnité pécuniaire que l'article 446 du Code d'Instruction criminelle permettait de lui allouer ; ordonne qu'en conformité de cet article, le présent arrêt sera affiché à Paris et à Rennes et sera inséré au *Journal Officiel* ainsi que dans cinq journaux au choix de Dreyfus; autorise Dreyfus à le faire publier aux frais du Trésor et au taux des insertions légales dans cinquante journaux de Paris et de province à son choix; ordonne que l'arrêt sera transcrit sur les registres du Conseil de guerre de Rennes et que mention en sera faite en marge de la décision annulée. »

XVIII

Ainsi se dissipait ce cauchemar de douze années, ainsi se terminait par une victoire définitive cette longue et dure bataille pour le droit, soutenue au début par une simple poignée de braves gens, mais qui, à la fin, avait groupé, sous le drapeau de la vérité et de la justice, toute la France républicaine, tous les hommes capables de penser par eux-mêmes, de voir clair et de ne pas sacrifier à des préjugés de caste, ou à des intérêts personnels, les éternels principes sur lesquels repose toute société civilisée.

L'arrêt de la Cour de cassation, qui soulagea la conscience nationale, fut accueilli avec calme par le pays, avec une feinte indifférence par les adversaires irréductibles de la revision. Les conséquences logiques de cet arrêt devaient être, d'une part, des sanctions pénales à l'égard des vrais coupables, et d'autre part, quand elle était possible, la réparation matérielle et morale pour les victimes, notamment pour les officiers dont la carrière avait été injustement brisée. Malheureusement, l'acquittement définitif d'Esterhazy et la loi d'amnistie, s'opposaient aux sanctions du premier genre, et quant aux secondes, il faut avouer qu'elles furent distribuées d'une main parcimonieuse et inégale.

Le jour même de la publication de l'arrêt, le Sénat votait, à une majorité écrasante, une motion de Monis rendant hommage au courage civique de Scheurer-Kestner et de Trarieux et ordonnant que les bustes « de ces deux grands citoyens » fussent placés dans la galerie qui précède la salle des séances. Le lendemain, la Chambre des Députés votait le transfert des restes de Zola au Panthéon, projet qui ne fût adopté par le Sénat que le 11 décembre suivant. (1)

Voilà pour les morts. Mais qu'allait-on faire pour les vivants? Le ministre de la Guerre Etienne élabora hâtivement deux projets de loi dont l'un conférait à Dreyfus le grade de chef d'escadron pour prendre date à la promulgation de la loi, et dont l'autre réintégrait le lieutenant-colonel en réforme Picquart dans l'armée en lui conférant le grade de général de brigade à compter du 10 juillet 1903. La mesure était équitable en ce qui concerne Picquart; elle ne l'était pas vis-à-vis de Dreyfus, qui, d'après son rang de promotion et les grades acquis par les officiers, ses contemporains, aurait dû être nommé lieutenant-colonel à compter d'avril 1903. Cette inégalité de traitement, qui n'attira pas suffisamment l'attention, ne peut s'expliquer que par la sympathie particulière que Clemenceau,

(1) Le transfert effectif n'eut lieu que le 4 juin 1908; le vote des crédits donna lieu à une vive discussion entre Barrès et Jaurès qui rappela le mot d'Anatole France : « Zola a été un moment de la conscience humaine. »

alors ministre de l'Intérieur, portait au colonel Picquart (1).

Les deux projets d'Etienne furent votés dès le 13 juillet à la Chambre des Députés par d'énormes majorités sur le rapport de Messimy (2).La droite seule vota contre et un de ses membres, D. Cochin, se donna le plaisir de rejeter sur les hommes d'Etat républicains la longue obstruction à la revision dont on faisait un crime au parti conservateur et catholique. Le président Brisson, en proclamant le résultat du scrutin, ajouta : « Le président enregistre avec fierté ce vote ; il consacre par une loi le triomphe de la justice. » La part décisive que Brisson avait prise naguère à la genèse de ce triomphe ne fut pas oubliée : sur la motion de Ferdinand Buisson, la Chambre lui rendit hommage pour avoir été au gouvernement « l'artisan le plus clairvoyant et le plus courageux de la revision ». Enfin, après un âpre discours de Pressensé, la Chambre vota un ordre du jour « flétrissant les auteurs des crimes dénoncés par la Cour de cassation et confiant dans le gouvernement pour prendre les mesures et exercer les sanctions nécessaires ». La flétrissure avait tout au moins une valeur

---

(1) Le général André avait pris l'initiative d'un projet de loi permettant sous certaines conditions la réintégration d'officiers en réforme. Le Parlement n'avait pas trouvé le temps de voter ce projet, d'où la nécessité du projet spécial pour Picquart. Un troisième projet réintégrant J. Reinach dans son grade de l'armée territoriale fut ajourné : il fut voté (sous une forme plus étendue) le 10 mars 1908.

(2) Projet Dreyfus : 442 voix contre 32, projet Picquart : 449 contre 26.

morale, mais la majorité ne pouvait se faire illusion sur l'impossibilité légale des sanctions réclamées du gouvernement.

Ce même jour, 13 juillet, les deux projets de réintégration, portés au Sénat, y furent votés à d'imposantes majorités (1).

Dans la brève discussion qui précéda les votes, le général Mercier paya d'audace: il critiqua l'irrégularité de la procédure à huis-clos suivie par la Cour de cassation, l'absence de tout débat contradictoire; il affirma que sa conviction, acquise par les débats de Rennes, n'était pas ébranlée. Delpech lui répondit durement que sa place était au bagne, et Barthou, avec un zèle ardent de néophyte, flétrit l'« erreur judiciaire monstrueuse » dont le général Mercier avait été l'auteur.

Le couronnement officiel de l'œuvre de réparation fut la nomination de Dreyfus comme chevalier de la Légion d'honneur et la remise qui lui fut faite de la croix devant les troupes assemblées, remise qui devait être, dans la pensée du gouvernement, comme la contre-partie de l'horrible cérémonie de la dégradation. Le rapport du Conseil de l'Ordre, approuvant le projet de décoration, déclarait y voir « une juste réparation vis-à-vis d'un soldat qui a enduré un martyre sans pareil ». La cérémonie « discrète, presque secrète » (2), eut lieu le 22 juillet dans la petite cour des jardins de l'Ecole Militaire. Le général de brigade Gillin y présida, et l'on profita de l'occasion pour décerner la rosette

(1) Projet Dreyfus : 182 contre 30, projet Picquart : 184 contre 26.

(2) J. Reinach, *Histoire*, VI, p. 501.

d'officier au commandant Targe qui avait été un si utile artisan de la deuxième revision. Les spectateurs, peu nombreux, remarquèrent l'émotion profonde de Dreyfus, qui cherchait à se masquer sous une raideur exagérée : il revoyait dans sa pensée, comme une hallucination, l'image du supplice qu'il avait subi au même lieu près de douze ans auparavant. Quand les assistants aperçurent à une fenêtre la silhouette du général Picquart, des cris de : « Vive Picquart ! » se firent entendre, mais le nouveau général rectifia en répondant : « Non, non, Dreyfus ! » (1).

(1) Dreyfus, réintégré dans l'arme de l'artillerie, exerça pendant un an les fonctions de chef d'escadron dans un établissement militaire de Saint-Denis ; il démissionna et prit sa retraite le 14 juillet 1907 pour se consacrer exclusivement à l'éducation de ses enfants et à quelques travaux d'histoire militaire. En 1908, à la cérémonie de l'inhumation de Zola au Panthéon (le 4 juin) le journaliste Grégori tira sur lui deux balles dont l'une se logea dans son épaule : Grégori fut acquitté ! En 1914, lorsque éclata la guerre mondiale, Dreyfus reprit du service comme officier de réserve et occupa divers emplois pendant les cinq années de la guerre ; il y fut promu au grade de lieutenant-colonel (26 septembre 1918) et d'officier de la Légion d'honneur (21 janvier 1919). Picquart, promu général de division, devint ministre de la Guerre dans le long ministère Clemenceau (25 octobre 1906 à 20 juillet 1909). Après la chute de Clemenceau, il fut nommé au commandement du 2e corps d'armée et mourut le 19 janvier 1914 des suites d'une chute de cheval ; il n'avait que soixante ans.

Esterhazy, sous le nom de Voilemont, traîna en Angleterre pendant plus de vingt ans une existence obscure et misérable. Après avoir vécu à Londres d'expé-

Ainsi, du moins, dans cette scène suprême s'affirmait de nouveau l'estime, obscurcie par de longs malentendus, entre l'officier innocent et martyr et celui qui, pour faire proclamer son innocence, avait sacrifié dix ans d'une brillante carrière de soldat.

---

dients suspects, il se remaria et se retira au village d'Harpenden dans le comté d'Hertford où il mourut le 21 mai 1923, complètement oublié.

XIX

A la distance où nous sommes aujourd'hui des événements racontés dans ce livre, nous pouvons sans témérité chercher à embrasser d'un coup d'œil le caractère d'ensemble, à définir les origines et les conséquences de ce grand drame historique.

Il faut y voir avant tout l'effort généreux, finalement couronné de succès, d'une petite phalange d'hommes courageux, partis des points de l'horizon les plus divers pour faire réparer une monstrueuse erreur judiciaire. Tous les artisans de l'œuvre de justice ne sont pas entrés dans la Terre Promise, mais un égal tribut d'admiration et de reconnaissance leur est dû. Plusieurs y ont laissé leur santé, quelques-uns leur vie, tous leur repos; certains ont sacrifié sans compter leur popularité, leur fortune, leur carrière; abreuvés de dégoûts, d'outrages, de persécutions, dénoncés comme complices d'un traître et ennemis de la patrie, ils ont trouvé une satisfaction suffisante dans le témoignage de leur conscience en attendant l'hommage tardif, trop souvent posthume, des pouvoirs publics et de la foule enfin désabusée.

Mais le caractère particulier de l'erreur judiciaire qu'ils cherchaient à redresser, c'est qu'elle n'était pas, comme tant d'autres, la méprise accidentelle d'un tribunal trompé par de fausses apparences : elle n'a pu être perpétrée, elle n'a pu être maintenue pendant tant d'années qu'en raison de circonstances particulières qui jettent une lumière crue sur l'état d'esprit de l'armée et d'une notable partie de la société française, aux environs de l'an 1894.

Le criminel supposé était un Juif, un officier juif. Or, pour une partie de l'opinion, surtout pour les officiers formés par une éducation tendancieuse ou gagnés peu à peu par l'atmosphère où les élèves des Jésuites donnaient le ton, un Juif français n'était pas un Français véritable. Il avait beau appartenir à une famille enracinée de longue date chez nous, il avait beau, Alsacien immigré, avoir reçu une éducation complètement française, il avait beau avoir choisi une carrière dominée par l'idée du dévouement et du sacrifice à la patrie : pour ces hommes de parti-pris irréductible, il restait un sans-patrie, le représentant d'une race partout étrangère et partout parasite, vouée, par ses origines même et la malédiction divine, au trafic et à la trahison. De là ce jugement, à première vue incompréhensible, de 1894, qui, en l'absence de tout mobile tangible, sur le seul indice d'une vague similitude d'écriture dans un document anonyme, attribuait sans sourciller à un officier « riche et parvenu jeune à une situation brillante dans l'armée », un crime abominable contre son pays.

Il est vrai que ce jugement avait été arraché au Conseil de guerre par la communication d'un dossier secret de pièces truquées et mal attribuées, et que cette communication était l'œuvre d'un ministre de la Guerre poussé par l'amour-propre à persévérer dans son erreur initiale. Mais ce n'était pas l'amour-propre seul qui avait déterminé l'attitude du général Mercier : c'était la crainte de perdre son portefeuille, c'étaient les aboiements et les menaces d'une presse de chantage, écho elle-même d'une notable fraction de la bourgeoisie française contaminée par le virus antisémite. Et les mêmes sentiments qui avaient dicté la condamnation, devaient pendant cinq ans, malgré les successives révélations des preuves décisives de l'innocence, la faire soutenir contre vents et marées, pour aboutir enfin au jugement de Rennes, plus déconcertant, plus déshonorant cent fois pour ses auteurs — et, osons le dire, pour l'armée française — que celui de Paris.

Ainsi le mobile original du drame, c'est bien le préjugé antijuif, qui n'est lui-même qu'une forme de la mentalité cléricale et réactionnaire, c'est-à-dire médiévale, se survivant à elle-même dans un monde nouveau. D'ailleurs, une fois l'erreur commise, une fois le premier jugement rendu, d'autres motifs entrèrent en jeu : l'infaillibilité, admise comme un dogme, des juges militaires, la confiance aveugle dans la parole des supérieurs hiérarchiques, l'honneur de l'armée confondu avec celui d'un bureau de l'Etat-major, l'intérêt suprême de la patrie, menacé, disait-on, à la fois par des indiscrétions qui pouvaient entraîner une guerre redoutable et par des accusations contre de hauts dignitaires militaires qui pouvaient affaiblir la confiance de l'armée, du pays dans ses chefs.

Sans doute, la plupart de ces motifs de parade n'avaient été, à l'origine, mis en avant que par des coupables désireux de couvrir leur faute ou leur crime à grand renfort de faux et de légendes créés de toutes pièces. Sans doute aussi, il était inexact et odieux de prétendre que contre de si grands intérêts nationaux, l'intérêt d'un seul — eût-il été frappé injustement — ne devait pas peser lourd dans la balance : car il ne s'agissait pas de l'intérêt d'un seul, mais de la justice, qui est la chose de tous; il s'agissait aussi de toute une catégorie de Français enveloppés par l'opinion égarée dans la honte du crime présumé d'un de ses membres. Mais cela dit, et si l'historien ne peut que fustiger de son mépris les généraux, les politiques, les publicistes qui, sciemment, élevèrent cet édifice de mensonges, de sophismes et de haine, il serait souverainement injuste d'étendre la même condamnation à la foule de braves gens qui les ont crus sur parole, et qui, à leur suite, ont combattu la revision du procès Dreyfus comme un danger national.

Pour ceux-là, pour ces dupes honnêtes, il est vrai de dire que, dans ce grand duel, leurs motifs ont été, au point de vue de la conscience, aussi nobles que ceux de leurs adversaires. Et leur patriotisme ombrageux, saignant encore de la blessure de 1870, devait se montrer d'autant plus susceptible que, parmi les défenseurs de la revision, s'étaient glissés un certain nombre d'hommes qui, généralisant à l'excès, confondant la défense nationale avec le militarisme, portaient contre l'armée tout entière une condamnation passionnée et sapaient par la base des institutions considérées par la grande masse de l'opinion comme la sauvegarde nécessaire du pays.

Singulier par ses origines et ses développements, ce drame judiciaire ne le fut pas moins par ses conséquences proches ou lointaines. La plus visible fut de provoquer pendant de longues années un déclassement complet des partis politiques dans notre pays. Les républicains modérés, les « progressistes », qui, depuis la formule de Spuller sur « l'esprit nouveau », avaient incliné à une alliance avec les anciens conservateurs, furent absorbés par ceux-ci ou rejetés vers la gauche. Le drapeau nationaliste groupa désormais, sous une vague étiquette, les forces coalisées de la contre-révolution. Les socialistes qui, jusqu'alors, s'étaient enfermés dans un isolement rigoureux, se rapprochèrent du gros du parti républicain où ils remplacèrent les modérés défaillants et collaborèrent avec lui aux réformes urgentes, soit par leurs votes, soit même en fournissant des membres à des ministères bourgeois.

Comme ces vagues de fond qui, en écartant les murailles de la mer, révèlent des écueils insoupçonnés, les péripéties d'une lutte qui partageait la France entière en deux camps hostiles firent apercevoir aux républicains l'abîme où la démocratie française descendait tout doucement depuis quelques années. Un coup de barre énergique fut donné en temps opportun : ce fut l'œuvre d'action et de défense républicaine. L'avancement dans l'armée, la nomination à ses plus hauts emplois furent rendus à son chef responsable et retirés à des comités où dominait un esprit qui, suivant le mot du général Billot, avait fini par faire de l'Etat-major une véritable jésuitière. La discipline militaire fut humanisée, l'officier invité à un rapprochement moral avec ses hommes. Un effort, peut-être plus vigoureux qu'efficace, fut tenté pour arracher le mal dans sa racine, pour soustraire la haute bourgeoisie française à la mainmise de l'enseignement congréganiste. L'œuvre de laïcisation de l'Etat, commencée par la Révolution française, fut complétée par la séparation de l'Etat et des Eglises.

Parallèlement à la politique de combat, nécessaire, mais génératrice de haines violentes et de blessures douloureuses, l'affaire Dreyfus a eu des répercussions d'un caractère plus pacifique et plus humain et qui ouvrent de consolantes perspectives. La crise morale qu'elle avait déterminée obligeait chacun à faire son examen de conscience. La faillite avérée des classes dirigeantes posait le problème de leur régénération ou de leur renouvellement.

A l'époque où la grande masse de la bourgeoisie possédante opposait à l'œuvre de justice une résistance obstinée, la lutte pour un commun idéal opéra un rapprochement fécond entre la fraction la plus intelligente et la fraction la plus déshéritée de la démocratie française, entre les « intellectuels » et les « prolétaires », livrés jusqu'alors à la seule action des meneurs révolutionnaires. De grands savants, de grands lettrés, de grands artistes consentirent à sortir de leur tour d'ivoire pour apporter le pain de vie à des auditoires incultes, mais avides de vrai savoir et de vraie beauté. Ce fut l'œuvre trop éphémère des Universités Populaires, celle, plus durable, des patronages laïques, des conférences populaires, des écoles et collèges de sciences sociales, et de tant d'autres entreprises de fraternité intellectuelle; ce fut aussi l'œuvre de la Ligue des Droits de l'Homme, née à l'occasion d'une injustice particulière, mais qui s'est donné pour tâche de redresser toutes les injustices de ce genre, quelle que soit la race, la croyance ou la position sociale de leurs victimes. Par de pareils efforts, qui ont été imités à l'étranger, un peu plus de lumière, de justice et de bonté est entré dans le monde.

Reste l'antisémitisme, origine première de toute « l'Affaire » et qui avait reçu d'elle une impulsion prodigieuse. Ebranlé dans les âmes tant soit peu indépendantes par l'issue finale du drame judiciaire, il devait l'être plus encore, quelques années plus tard, par la guerre mondiale où l'on vit, en France, et ailleurs, tant de milliers d'Israélites accomplir vaillamment leur devoir civique et militaire, grossir de tant d'unités la longue liste des « Morts pour la Patrie ». La fraternité des tranchées contribua beaucoup à défaire l'œuvre néfaste des Drumont et des sous-Drumont, à faire oublier l'époque « où les Français ne s'aimaient pas ». Même un Maurice Barrès, qui, en 1899, avait semé à plaisir des flèches empoisonnées, d'autant plus dangereuses qu'elles étaient aiguisées par un talent plus subtil, dut s'incliner devant l'évidence et saluer, dans les Juifs français, un des éléments nobles et féconds de la nation, une des grandes « Familles françaises ».

On s'illusionnerait cependant en croyant qu'un préjugé qui a des racines si multiples et si profondes a disparu définitivement de notre pays, à l'heure où dans tant de contrées de l'Europe centrale et orientale, il subit, à la suite des bouleversements nés de la guerre, une vive recrudescence. Il appartient en partie aux Israélites français, en restant sourds aux tentations du Sionisme et fidèles aux formules de la Révolution française, en assimilant rapidement leurs coreligionnaires immigrés, d'enlever tout prétexte à des retours offensifs d'un esprit d'intolérance qui n'a pas désarmé. Je souhaite que la lecture de ces pages, en montrant à quels excès, à quels crimes contre l'humanité et la patrie, le préjugé antisémitique a pu aboutir dans un passé si récent, mette en garde tous les vrais patriotes contre cette honte et ce péril. « Quand, écrit Renan (1), l'Assemblée nationale en 1791 décréta l'émancipation des Juifs, elle s'occupa extrêmement peu de la race. Elle estima que les hommes devaient être jugés, non par le sang qui coule dans leurs veines, mais par leur valeur morale et intellectuelle. C'est la gloire de la France de prendre ces questions par le côté humain. »

Puisse cette noble parole rester la devise et la règle de conduite de tous les bons Français !

Paris, mars 1904-juin 1924.

(1) Discours et Conférences, p. 373.

CHRONOLOGIE

1847

16 décembre. — Naissance de Ferdinand Walsin-Esterhazy.

1859

10 octobre. — Naissance d'Alfred Dreyfus.

1876

Esterhazy, Maurice Weil et Henry au bureau des renseignements.

1878

Dreyfus à l'Ecole Polytechnique.

1881

Esterhazy en Tunisie.

1889

Dreyfus à l'Ecole de pyrotechnie de Bourges.

1890

Dreyfus à l'Ecole de guerre.

1892

Dreyfus à l'Etat-Major Général. — Esterhazy major à Rouen.

23 juin. — Duel Morès-Mayer.

1893

3 décembre. — Mercier, ministre de la guerre.

1894

14 mars. — Projet de manuel de tir.

17 mai. — Circulaire avisant les stagiaires d'Etat-major qu'ils n'iront pas aux manœuvres d'automne.

20-25 mai. — Manœuvres de cadres auxquelles assiste Esterhazy.

Juin (fin). — Voyage d'Etat-major auquel assiste Dreyfus.

Août (commencement d'). — Esterhazy écrit le bordereau.

5-12 août. — Ecoles à feu de Châlons auxquelles assiste Esterhazy.

24 septembre. — Henry fait connaître la découverte du bordereau.

6 octobre. — Dreyfus soupçonné par d'Aboville.

15 octobre. — Arrestation de Dreyfus.

1er novembre. — La *Libre Parole* annonce l'arrestation de Dreyfus.

2 novembre. — Dépêche Panizzardi.

3 novembre. — Ordre d'informer contre Dreyfus.

19-22 décembre. — Procès et condamnation de Dreyfus.

1895

5 janvier. — La dégradation.

6 janvier. — Münster chez Casimir Perier.

15 janvier. — Démission de Casimir Perier.

18 janvier. — Dreyfus à l'île de Ré.

21 février. — Embarquement de Dreyfus.

15 mars. — Dreyfus à l'île du Diable.

1er juillet. — Picquart chef du bureau des renseignements.

1896

Mars. — Découverte du « petit bleu ».

5 août. — Picquart avertit Boisdeffre.

6 août. — Entrevue de Bâle (Lauth, Henry, Cuers).

31 août. — Certitude de Picquart.

8 septembre. — Dreyfus est mis à la double boucle.

14 septembre. — L'article de l'*Eclair* (révélation de la pièce secrète).

29 octobre. — Salles se confesse à Demange.

30 octobre. — Gonse reprend à Picquart le dossier secret.

1er novembre (?). — Fabrication du faux Henry.

10 novembre. — Article du *Matin* (fac-similé du bordereau).

16 novembre. — Départ de Picquart en mission.

18 novembre. — Interpellation Castelin.

1897

31 mai. — Lettre menaçante d'Henry à Picquart.

29 juin. — Picquart se confesse à Leblois.

13 juillet. — Leblois chez Scheurer-Kestner.

17 août. — Esterhazy mis en non-activité.

23 octobre. — Entrevue de Montsouris (Esterhazy, Du Paty, Henry).

30 octobre. — Scheurer-Kestner chez Billot.

11-12 novembre. — Télégrammes « Speranza » et « Blanche ».

15 novembre. — Mathieu Dreyfus dénonce Esterhazy.

25 novembre. — Picquart amené à Paris.

28 novembre. — Le *Figaro* publie les lettres d'Esterhazy à Mme de Boulancy.

4 décembre. — Ordre d'informer contre Esterhazy. Interpellation de Mun.

7 décembre. — Interpellation Scheurer-Kestner.

12-14 décembre. — Articles de l'*Intransigeant* (lettres impériales).

26 décembre. — Rapport des experts.

1898

1er janvier. — Rapport Ravary.

7 janvier. — Le *Siècle* publie le rapport d'Ormescheville.

10-11 janvier. — Procès et acquittement d'Esterhazy.

13 janvier. — Picquart aux arrêts. Lettre « J'accuse » de Zola.

22 janvier. — Interpellation Cavaignac sur les aveux.

24 janvier. — Déclaration de Bülow.

30 janvier. — Picquart devant le Conseil d'enquête.

7 février. — Commencement du procès Zola.

9 février. — Rochefort condamné pour diffamation envers J. Reinach (affaire de la lettre « Otto »).

12 février. — « Allons-y ! », d'Henry.

17 février. — Pellieux révèle le document Henry.

23 février. — Condamnation de Zola.

24 février. — « Il faut que cela cesse », de Méline.

26 février. — Picquart mis en réforme.

28 février. — Pétition de Dreyfus.

3 mars. — Suicide de Leeman (Lemercier-Picard).

5 mars. — Duel Henry-Picquart.

2 avril. — Cassation du verdict Zola.

23 mai. — Zola à Versailles. Judet publie la lettre du colonel Combe.

4 juin. — Ligue des Droits de l'Homme.

14 juin. — Chute de Méline.

30 juin. — Ministère Brisson.

7 juillet. — Discours de Cavaignac.

12 juillet. — Arrestation d'Esterhazy et de Marguerite Pays, par Bertulus.

13 juillet. — Arrestation de Picquart; il est enfermé à la Santé.

18 juillet. — Deuxième condamnation et fuite de Zola.

28 juillet. — Bertulus se déclare compétent dans l'affaire Du Paty.

5-12 août. — La Chambre des mises en accusation casse les ordonnances de Bertulus. Esterhazy mis en liberté.

13 août. — Cuignet découvre le faux Henry.

24 août. — Esterhazy devant le Conseil d'enquête.

30 août. — Interrogatoire, aveu et arrestation d'Henry. Démission de Boisdeffre.

31 août. — Suicide d'Henry. Mise en réforme d'Esterhazy.

1er septembre. — La Cour de cassation annule et blâme l'arrêt de la Chambre des mises en accusation.

3 septembre. — Requête en revision de Mme Dreyfus.

4 septembre. — Démission de Cavaignac. Zurlinden ministre de la Guerre.

12 septembre. — Du Paty mis en retrait d'emploi.

17 septembre. — Démission de Zurlinden. Chanoine, ministre de la Guerre.

21 septembre. — Picquart, accusé de faux, est transféré au Cherche-Midi.

27 septembre. — Sarrien saisit la Cour de cassation de la demande en revision.

25 octobre. — Chute de Brisson.

29 octobre. — La Chambre criminelle décide la recevabilité de la demande en revision.

3 novembre. — Ministère Charles Dupuy.

15 novembre. — Dreyfus avisé de la recevabilité.

24 novembre. — Ordre de mise en jugement de Picquart.

4 décembre. — Requête de Picquart en règlement de juges.

19 décembre. — La communication du dossier secret discutée à la Chambre.

Décembre-janvier. — Les listes rouges (monument Henry). Ligue de la Patrie Française.

1899

8 janvier. — Démission de Quesnay de Beaurepaire.

30 janvier. — Dépôt du projet de loi de dessaisissement.

10 février. — La loi de dessaisissement votée à la Chambre.

16 février. — Mort de Félix Faure.

18 février. — Loubet, président de la République.

23 février. — Obsèques de Félix Faure. Attentat de Reuilly.

28 février. — Vote de la loi de dessaisissement par le Sénat.

3 mars. — Règlement de juges Picquart. Il est retransféré à la Santé.

31 mars. — Le *Figaro* commence la publication de l'enquête.

27 avril. — Procès-verbal Cuignet-Chamoin (relatif à la dépêche Panizzardi).

5 mai. — Démission de Freycinet. Krantz, ministre de la Guerre.

12 mai. — Cuignet mis en disponibilité.

29 mai. — Rapport Ballot-Beaupré.

31 mai. — Acquittement de Déroulède et d'Habert.

3 juin. — La Cour de Cassation annule la condamnation de Dreyfus.

4 juin. — Attentat d'Auteuil.

5 juin. — Dupuy propose des poursuites contre Mercier.

12 juin. — Chute du ministère Dupuy. Picquart mis en liberté.

22 juin. — Ministère Waldeck-Rousseau.

1er juillet. — Dreyfus débarque à Quiberon.

31 juillet. — Non-lieu en faveur de Du Paty.

7 août. — Commencement du procès de Rennes.

12 août. — Déposition de Mercier. Arrestation des chefs nationalistes et royalistes.

14 août. — Attentat contre Labori.

8 septembre. — Nouvelle déclaration de Bülow.

9 septembre. — Seconde condamnation de Dreyfus.

12 septembre. — Dreyfus se désiste de son pourvoi.

19 septembre. — Dreyfus grâcié. Mort de Scheurer-Kestner.

21 septembre. — Ordre du jour Gailiffet : « L'incident est clos. »

5 octobre. — Déclaration Mosetig, concernant la déposition Czernucky.

17 novembre. — Dépôt du projet d'amnistie.

1900

28 janvier. — Mercier, sénateur.

24 avril. — Discours de J. Reinach à Digne.

22 mai. — Vote de l'ordre du jour Chapuis.

28 mai. — Affaire Fritsch. Démission de Galliffet. André, ministre de la Guerre.

2 juin. — Vote de la loi d'amnistie au Sénat.

24 décembre. — Promulgation de la loi d'amnistie.

31 décembre. — Cuignet devant le Conseil d'enquête.

1901

Mai. — *Cinq années de ma vie*, par Alfred Dreyfus.

1902

27 avril-11 mai. — Elections législatives : Pressensé, Jaurès, Buisson rentrent à la Chambre.

2 juin. — Procès Mme Henry-J. Reinach.

8 juin. — Ministère Combes.

30 septembre. — Mort de Zola.

1903

6-7 avril. — Jaurès demande l'enquête sur le bordereau annoté.

Mai-octobre. — Enquête André.

26 novembre. — Requête en revision de Dreyfus.

28 novembre. — Vallé saisit la Commission consultative d'une seconde demande en revision.

23-24 décembre. — Rapport du directeur Mercier. Vote favorable de la Commission.

1904

3-5 mars. — Audiences publiques de la Chambre criminelle de la Cour de Cassation (rapport Boyer, conclusions Baudouin, plaidoyer Mornard). Arrêt de recevabilité.

Avril-novembre. — Enquête de la Chambre criminelle.

7 novembre. — Procès Rollin, Dautriche et consorts; acquittement.

15 novembre. — Démission du général André.

1905

23 janvier. — Ministère Rouvier.

14 mai. — Le conseiller Moras chargé du rapport.

25 septembre. — Mort de Godefroy Cavaignac.

1906

18 février. — Fallières, président de la République.

13 mars. — Ministère Sarrien-Clemenceau.

6-20 mai. — Elections législatives. Labori, Viviani, J. Reinach élus.

18 juin — Commencement des audiences publiques des Chambres réunies. Rapport Moras, réquisitions Baudouin, plaidoyer Mornard.

9 juillet. — Duel Gonse-Picquart.

12 juillet. — Arrêt de la Cour cassant sans renvoi l'arrêt de Rennes.

13 juillet. — Vote des projets de loi réintégrant Dreyfus et Picquart.

22 juillet. — Dreyfus décoré.

1907

14 juillet. — Dreyfus prend sa retraite.

1908

4 juin. — Transfert des cendres de Zola au Panthéon. Attentat de Grégori contre Dreyfus.

1913

10 janvier. — Du Paty de Clam réintégré dans l'armée territoriale.

12 janvier. — Démission du ministre de la Guerre Millerand.

31 janvier. — Interpellation Viollette à la Chambre des députés sur les circonstances de la démission de Millerand.

1914

19 janvier. — Mort du général Picquart.

1918

26 septembre. — Dreyfus lieutenant-colonel.

1923

21 mai. — Mort d'Esterhazy.

BIBLIOGRAPHIE

1° Sources

Yves Guyot. *La Revision du procès Dreyfus.* — Faits et documents juridiques (Rapport d'Ormescheville. Sténographie du procès Esterhazy). Paris, Stock, 1898.

Procès Zola (Sténographie). Stock, 1898, 2 vol.

L'instruction Fabre et les décisions judiciaires ultérieures. Stock, 1900.

L'affaire Picquart devant la Cour de Cassation (renferme certaines pièces de l'instruction Tavernier). Stock, 1899.

La Revision du procès Dreyfus à la Cour de Cassation (audiences publiques d'octobre 1898). Stock, 1898.

Enquête et Débats de la Cour de Cassation. Stock, 1899, 3 vol.

Conseil de guerre de Rennes (Sténographie). Stock, 1900, 3 vol.

Revision du procès de Rennes : Débats de la Cour de Cassation, 3-5 mars 1904. Paris, Société Nouvelle, 1904.

Revision du procès de Rennes : Enquête de la Chambre criminelle. Paris, Ligue des Droits de l'Homme, 1908, 3 vol.

Revision du procès de Rennes : Réquisitions écrites du procureur général Baudouin. Ligue des Droits de l'Homme, 1907.

Revision du procès de Rennes : Débats de la Cour de Cassation, Chambres réunies. Ligue des Droits de l'Homme, 1906. 2 vol.

Le Procès Dautriche (Sténographie). Société Nouvelle, 1905

Ministère des Affaires Etrangères allemand. — *Documents diplomatiques* (1896-9, Berlin, 1923.)

Alfred Dreyfus. — *Lettres d'un innocent.* Stock, 1898. — *Cinq années de ma vie.* Fasquelle, 1901.

H. Leyret. — *Lettres d'un coupable* (Esterhazy). Stock, 1898. — *Déposition d'Esterhazy* devant le consul de France à Londres (février 1900). Stock, 1900.

Général André. — *Cinq ans de ministère*, 1907.

Journaux contemporains (particulièrement *Journal Officiel, Siècle, Aurore, Figaro, Temps, Intransigeant, Gaulois, Echo de Paris, Libre Parole, La Petite République, Gazette de Lausanne*).

2° Ouvrages

Joseph Reinach. — *Histoire de l'Affaire Dreyfus.* Paris, 1901-1911, 7 vol. (I. Le Procès de 1894. Revue Blanche 1901. — II. Esterhazy, Fasquelle 1903. — III. La Crise, ib. 1903. — IV. Cavaignac et Félix Faure, ib. 1904. — V. Rennes, ib. 1905. — VI. La Revision, ib. 1908. — VII. Index général, ib. 1911.)

Récits abrégés par Barlowe, Conybeare, Ch. Dubois (en italien), Dutrait-Crozon (1909), E. de Haime, Sir Godfrey Lushington (National Review, juin 1899). Paul Marin, Pierre Molé, docteur Oyon.

Esterhazy. — *Les dessous de l'affaire Dreyfus*, 1899 (inachevé).

Capitaine Paul Marin. — *Histoire Documentaire de l'affaire Dreyfus.* Stock, 1898, suiv. (13 volumes sous des titres variés).

F. de Pressensé. — *Un héros : le lieutenant-colonel Picquart.* Stock, 1898.

René Dubreuil. — *L'affaire Dreyfus devant la Cour de cassation*, illustré. Stock, 1899.

Anonyme. — *Les variations de l'Etat-major.* Bellais, 1899.

Georges Sorel. — *La révolution dreyfusienne*, 1909.

Léon Chaîne. — *Les Catholiques et la Crise.*

Bernard Lazare. — *Une erreur judiciaire :* La vérité sur l'affaire Dreyfus. 1er mémoire, Bruxelles-Paris 1896-1897 ; 2e mémoire, 1897. — *Comment on condamne un innocent*, Paris, 1898.

Annuaires politiques, par Daniel, Wallier, etc.

Histoires de France ou contemporaines, de Lavallée (tome VII, 1901), Lavisse-Seignobos, Larousse (1906).

A. Debidour. — *L'Eglise catholique et l'Etat.*

Pamphlets et recueils d'articles par : J. Ajalbert, Raoul Allier (*Le Bordereau annoté*, 1903), Maurice Barrès (*Scènes et doctrines du nationalisme*, 1899 ; *Leurs figures*, 1902), Paul Brulat, André Chevrillon, Georges Clemenceau (*Des juges*, 1900, etc.), Michel Colline, J. Cornély (*Notes sur l'affaire Dreyfus*, 1900), E. Duclaux (*Avant le procès*, 1898 ; *Propos d'un solitaire*, 2 vol. 1898-99), Georges Duruy (*Pour la justice et pour l'armée*, 1901), U. Gohier, P. Grousset, Y. Guyot, Un intellectuel (Th. Reinach, *Gonse Pilate*, 1899), J. Jaurès (*Les Preuves*, 1898), Paul Marie (*Le général Roget et Dreyfus*, 1899), Frank Puaux (*Vers la justice*, 1906), Pierre Quillard (*Le Monument Henry*, 1899), Joseph Reinach (*Les Faits nouveaux*, 1899 ; *Vers la justice par la vérité; Le crépuscule des traîtres; Tout le crime; Les Blés d'hiver*), Albert Réville (*Les Etapes d'un intellectuel*, 1898), Séverine, Jules Soury, Justin Vanex (*Giraudeau*), Villemar (Mlle Ed. Naville), Emile Zola.

Articles de revues, notamment dans le *Mercure de France* (Quillard, Gourmont, G. Kahn), la *Revue blanche*, la *Revue des Deux Mondes*, la *Revue bleue*, la *Revue hebdomadaire*, le *Correspondant*, etc.

Romans contemporains d'Anatole France, J. Psichari, A. Beaunier.

Caricatures et dessins de Forain, Ibels, Hermann Paul, P. Renouard, etc.

Index des Noms de personnes

TABLE DES MATIÈRES

IMPRIMERIE CENTRALE de la BOURSE
117, Rue Réaumur
PARIS

NOS PUBLICATIONS

Le texte des brochures marquées d'un astérisque a été publié dans les *Cahiers des Droits de l'Homme :*

Etudes documentaires sur l'affaire Caillaux, la brochure 0 50

La Série de 8 .... 4 »

Les Interrogatoires de M. Caillaux devant la Commission d'Instruction de la Haute-Cour, la brochure 0 75

La Série de 9 .. .. 6 »

**Pour le Peuple Egyptien*, par Gabriel SEAILLES, A. AULARD, Victor MARGUERITTE, WACYF-BOUTROS-GHALI (1920) 0 50

**L'Albanie et la Paix de l'Europe*, par d'ESTOURNELLES DE CONSTANT, Emile KAHN (1920) .... 2 »

**Pour l'Arménie Indépendante*, par F. BUISSON, Victor BÉRARD, Paul PAINLEVÉ, SÉVERINE (1920) ...... 2 »

Le Congrès National de 1921 (compte rendu sténographique), un volume de 420 pages .... 5 »

Congrès 1922 et *Congrès* 1923, chaque année.... 6 »

* *Le Congrès International de* 1923 .... 1 »

Collections 1921, 1922 et 1923 des *Cahiers des Droits de l'Homme* avec table alphabétique et analytique, chaque année .... 18 »

Les mêmes collections reliées chaque année .... 35 »

L'Affaire Landau, par Me René BLOCH 0 50

Golsky est Innocent, par Me Pierre LŒWEL ...... 1 »

Gabriel Séailles par M. Victor BASCH .... 1 »

La théorie de la violence et la Révolution française, par M. A. AULARD .... 1 »

Landau est innocent, par Me CORCOS .... » »

Le bloc national et l'école laïque, par Henri GAMARD .... » »

En vente aux bureaux de la Ligue

10, rue de l'Université, Paris

www.ingramcontent.com/pod-product-compliance
Ingram Content Group UK Ltd.
Pitfield, Milton Keynes, MK11 3LW, UK
UKHW021130260726
13994UKWH00001B/91

9 782329 08115